DU MÊME AUTEUR

Aux Éditions Gallimard

LE GOÛT DU MALHEUR, *roman.*
MORNY : UN VOLUPTUEUX AU POUVOIR.
BERNIS, LE CARDINAL DES PLAISIRS.
UNE JEUNESSE À L'OMBRE DE LA LUMIÈRE.
UNE FAMILLE DANS L'IMPRESSIONNISME.

Aux Éditions Grasset

LA FUITE EN POLOGNE, *roman.*
LA BLESSURE DE GEORGES ASLO, *roman.*
LES FEUX DU POUVOIR, *roman.* (Prix Interallié)
LE MYTHOMANE, *roman.*
AVANT-GUERRE, *roman.* (Prix Renaudot)
ILS ONT CHOISI LA NUIT, *essai.*
LE CAVALIER BLESSÉ, *roman.*
LA FEMME DE PROIE, *roman.*
LE VOLEUR DE JEUNESSE, *roman.*
L'INVENTION DE L'AMOUR, *roman.*
LA NOBLESSE DES VAINCUS, *essai.*

Chez d'autres éditeurs

OMAR : LA CONSTRUCTION D'UN COUPABLE (de Fallois).

NOUS NE SAVONS PAS AIMER

JEAN-MARIE ROUART
de l'Académie française

NOUS NE SAVONS PAS AIMER

nrf

GALLIMARD

Il a été tiré de l'édition originale de cet ouvrage vingt-cinq exemplaires sur vélin pur fil des papeteries Malmenayde numérotés de 1 *à* 25.

Nous ne savons pas aimer, nous ne savons que nous enfoncer bouche contre bouche dans la nuit redoublée.

LUC DIETRICH

Que de larmes suivront les prières exaucées.

THÉRÈSE D'AVILA

Nous naissons, nous vivons, nous mourons au milieu du merveilleux.

NAPOLÉON

Après avoir étudié la situation des femmes dans tous les temps et dans tous les pays, je suis arrivé à la conclusion qu'au lieu de leur dire : bonjour, on devrait leur dire : pardon.

VIGNY

PREMIÈRE PARTIE

SOUS LA NEIGE

La rousse du Rosebud

Je pensais à Napoléon. J'étais dans un lit. Je n'y étais pas seul. Et dans ce lit, je songeais. C'est fou comme l'amour donne des ailes à l'imagination. Je méditais sur ma solitude, cette solitude particulière qu'on éprouve quand on vient d'être quitté ; je pensais aussi à ce corps allongé près de moi, si banal, si lointain depuis qu'il s'était livré. Que pouvais-je encore attendre de cette femme qui avait le tact de ne pas parler (un zeste de muflerie accompagne toujours les rapports amoureux). Elle m'avait donné son corps, et peut-être un peu plus, cette énigme dont on pare, dans le désir, l'être le plus banal. C'était beaucoup et ce n'était rien. Pourtant cela me fascinait : qu'une attente aussi fiévreuse, un but aussi ardemment souhaité, une fois atteint, se soient à ce point dissipés. Aucune reconnaissance. Seulement l'agacement que l'on éprouve devant un jouet que l'on a cassé. Pendant quelques instants, cette femme m'avait paru précieuse, je l'aurais peut-être même suppliée de m'accorder ce qu'elle m'avait octroyé sans difficulté. Désormais je n'attendais plus d'elle que l'ultime cadeau qu'elle pouvait me faire : s'en aller.

Sa présence me gênait. Elle s'interposait entre moi et mes rêves. Paradoxe : elle m'empêchait même de songer à elle. Notre rencontre avait du piquant et deux ou trois épisodes avaient excité ma curiosité à son sujet. Une particularité physique notamment m'avait intrigué. Cette femme, peut-être me la rappellerais-je avec un certain agrément ? Qui sait même si je ne la regretterais pas ? Le présent de l'amour ressemble au négatif d'une photo. Il faut attendre le développement pour en avoir le cœur net. Il réserve bien des surprises. L'ennui, c'est que ce genre de vérité est difficile à dire. Surtout quand on n'a pas derrière soi la familiarité d'une ancienne fréquentation. En l'occurrence notre intimité, si grande fût-elle, était récente. Elle ne datait que de quelques heures.

Napoléon a toujours couché dans des lits étroits, presque des lits de camp. Dans sa chambre, à Schönbrunn, au milieu de tant d'apparat, un meuble d'une si grande austérité étonne : la couche d'un moine, d'un étudiant ou d'un soldat. La signification de ce dénuement ne se dégage que lentement : la grandeur joue toujours sa partie en solitaire à l'écart du faste. Napoléon est mort dans un lit pliant tout aussi sobre, à Sainte-Hélène ; celui qui l'avait accompagné au cours de ses batailles et dans lequel il dormait si peu. Rien à voir avec un lit de voluptueux. Peut-être sagement voulait-il ainsi couper court à tout sentimentalisme. Et, accessoirement, éviter le genre de situation embarrassante où je me trouvais.

Pourtant en rencontrant cette femme, j'avais cru que le malheur m'accorderait un répit. J'attendais de cette rencontre quelque chose de confus, une issue possible. J'étais plein d'espoir quand j'avais entrepris de lui faire l'amour. Grâce à cette petite étincelle du lien physique, la vie pour quelques heures allait s'éclairer. Je n'éprouverais plus cet accablement qui donne tous les symptômes de l'idiotie, mais une sorte de désespoir enjoué, celui dont l'humour juif tire son sel amer. Déjà je pouvais m'éloigner de moi-même par les songeries. Elles n'étaient pas forcément gaies. Qu'importe, c'était toujours mieux que cette impression d'avoir un mur devant soi et de se dire qu'on ne le franchira jamais.

Une pensée surtout me troublait : pourquoi cette femme était-elle là et non une autre ? Quelle suite de hasards, d'agissements fortuits, de contretemps, d'obligations, de retards avaient tissé les fils de cette rencontre aboutissant à cette conclusion à la fois prodigieuse et dérisoire ? Calculer la somme des probabilités qui amènent deux personnes à se parler, puis à coucher ensemble, est une opération effrayante. Surtout si l'on considère que de leurs exercices, il peut résulter un être, fruit d'une accumulation exponentielle de hasards. Cette question, on a l'impression que personne ne se la pose, et pourtant, c'est elle qui donne sa saveur incomparable à la plus banale coucherie. Si on s'interrogeait, cela nous conduirait très loin. Mieux vaut se la poser après. Avant, cela pourrait avoir de fâcheuses incidences ; provoquer un trouble désagréable, comme pour Rousseau le téton borgne de Zulietta, la plus belle courtisane de Venise qui, devant son insuffisance, l'avait renvoyé à ses mathématiques.

La vie de Napoléon elle aussi semble plus marquée par une nécessité mystérieuse que par le hasard : on ne peut retrancher aucun épisode de sa vie, sinon tout s'écroule. Ce trait rend passionnante l'existence des grands hommes : ils nous font croire à la Providence ; à une présence supérieure qui organise nos vies dans la mécanique céleste.

Une particularité physique m'avait intrigué chez cette femme : une impression de déjà-vu. Ne ressemblait-elle pas à quelqu'un que je connaissais ? Ne l'avais-je pas déjà rencontrée ou aperçue à la télévision, au théâtre ? Elle suscitait en moi un sentiment de réminiscence. Cela m'avait frappé au premier abord. J'y avais repensé lorsque son visage avait été éclairé d'une manière brutale. Je n'y prêtai plus attention, puis à nouveau je me posai la question.

J'avais erré à Montparnasse par une de ces soirées de décembre, glacées, brumeuses, sans lune, qui plaisaient tant à Jack l'Éventreur. Je ne savais plus à qui me vouer. Le sentiment de l'abandon me poignardait. Je dévisageais les passantes. J'éprouvais un désir violent semblable à la faim rouge des drogués. La dose que je cherchais paraissait plus difficile à trouver : c'était de l'amour ou du sexe pour rappeler l'amour perdu, comme ersatz, comme illusion. L'ennui quand on est dans ce genre de dispositions, c'est qu'on court droit à l'échec. Si on veut aborder une femme dans la rue avec quelque chance de succès, il faut avoir l'air gai, entraînant, primesautier. Je n'avais que ma mine désespérée à offrir. Qui aurait pu en vouloir ? Peut-être une Petite Sœur des pauvres ? Pas précisément le genre de personne que je convoitais.

Je butais sur des visages hostiles par cette soirée déshéritée où personne n'avait envie de s'attarder dans la rue. Chacun se pressait pour regagner un abri, une source de lumière et de chaleur. J'étais bien le seul à avoir l'idée saugrenue de flâner, si on peut appeler flâner cette chasse nerveuse et angoissée d'un être. Finalement, après avoir hésité à aller à la Closerie, j'optais pour le Rosebud, un bar de la rue Delambre. Outre son côté Hemingway, Fitzgerald, Années folles, ce bar évoque pour moi un monde de turpitudes. La faune qui s'y presse m'a toujours paru au bord de quelque gouffre : celui du sexe, de la drogue, de l'alcool. Les malheureux habitués sont beaucoup plus sûrement au bord du gouffre de la solitude, de cette solitude atroce dont on peut mourir. C'est elle qu'ils contemplent d'un air hébété au fond de leur verre. Dans la salle bondée, des couples dégustaient leur chili con carne sur des guéridons en marbre. Ça parlait, ça se levait, ça discutait. Dès que l'un d'entre eux gagnait les toilettes, j'imaginais qu'il allait en profiter pour se bourrer les narines. J'aimais cette atmosphère un peu interlope, ses relents poivrés de lieu de perdition.

Dès que je franchis la porte, je fus assailli par les regards ; des couples formaient une haie hostile devant l'intrus. Au bar, quelques solitaires. Je les rejoignis. Je me glissai sur un tabouret libre entre une chevelure rousse et une nuque crépue. Dans le reflet de la glace qui me faisait face, entre deux bouteilles de gin, je croisai le regard de ma voisine rousse. À sa façon de me dévisager sans vergogne je sentis qu'avec elle, quelque tournure que prît la situation, au moins les choses ne traîneraient pas. J'affrontai bravement ses yeux verts, durs et inquisiteurs. Était-elle belle ? Elle ne manquait pas d'allure, de « chien » comme on disait dans les années qui avaient fait la gloire du Rosebud. Son principal mérite était d'être là, seule, disponible. Au moment où je me tournai vers elle pour lui parler, ses traits m'intriguèrent : où l'avais-je déjà vue ? Je lui demandai ce qu'elle buvait : son haleine me le dit en même temps qu'elle : du cognac. Sa voix profonde, un peu rauque allait bien avec son air altier. Puis la pelote de la conversation se dévida : nous savions ce que nous cherchions en nous adressant la parole. La nuque crépue tenta de s'immiscer dans la conversation. Trop tard. À ce genre de jeu, l'avantage est au plus rapide. Au bout de vingt minutes nous en savions assez l'un sur l'autre pour ne plus nous payer de mots. Je prononçai la formule rituelle : « Si nous partions ? »

Elle se leva. Nous nous retrouvâmes dans la rue que le vent glacé rendait particulièrement inhospitalière. Après quelques pas de politesse, je lui proposai d'aller chez moi. Elle acquiesça.

Dans le taxi, j'entendis à peine les récriminations du chauffeur qui râlait parce que la course était trop courte. Je n'avais qu'une idée en tête. N'allait-elle pas changer d'avis ? Le processus avait beau être enclenché, j'étais inquiet : la lubie qui l'avait traversée pouvait tout aussi bien faire le chemin en sens inverse. Mais elle ne se déroba pas.

Alors il y eut la clé dans la serrure, la lumière du corridor qui s'allume, les manteaux jetés à la diable, les lèvres avides de se rejoindre. Je la dévêtis contre le mur. La découverte de son porte-jarretelles me troubla : elle ne pouvait exprimer plus clairement ses intentions. Ainsi, elle s'était armée pour l'amour. Rien n'avait été laissé au hasard : la seule chose qu'elle avait abandonnée au jeu des circonstances, c'était le choix du partenaire. Avais-je même été choisi ? J'avais rempli une case manquante, c'était tout. Cette dérision me parut tragique. Je me ressaisis : après tout pas de raison de se lamenter à propos d'un porte-jarretelles. Nous accomplîmes tous les rites que nous attendions l'un de l'autre. Et nous nous retrouvâmes sur le lit. L'angoisse avait disparu. Je me sentais délivré de moi-même.

Il fallait parler. J'essayais de savoir où je l'avais déjà vue. Ses réponses ne m'apportaient aucune lumière. Peut-être eût-il mieux valu ne rien dire. Chaque phrase qu'elle prononçait la ramenait au terre à terre, à la banalité d'une situation ordinaire dont elle ne devait pas être plus fière que moi. Enfin je lui demandais son nom. Elle me le dit et tout s'éclaira.

— Vous portez le nom d'un psychanalyste.

— C'est mon père !

Soudain je revoyais les traits un peu lourds de cet homme massif ; un visage coupé au carré dans du granit comme celui de Claudel. Je l'avais souvent rencontré. Il avait même souhaité que j'entreprenne une psychanalyse avec lui, ce qui est une marque d'intérêt, cela crée des liens. Les visages que je ne pouvais m'empêcher de superposer se ressemblaient étrangement. Outre le trouble que j'éprouvais, j'étais satisfait d'avoir résolu cette question du déjà-vu. Une maigre satisfaction, je le concède, et de courte durée. Allait-elle s'en aller ? Comment lui dire que je voulais qu'elle me délivre de sa présence ? Je frémis à l'idée qu'elle allait s'assoupir.

Un peu plus tard, comme si elle avait compris mon vœu secret, ou simplement mue par le même ressort que moi — le désir de se retrouver — elle commença à se rhabiller. Et elle partit.

J'entendis le claquement sec de la porte d'entrée du rez-de-chaussée et un peu plus tard le vacarme de la lourde porte cochère qui se refermait.

Des pas dans la neige

Je m'abandonnai à un sentiment de délivrance. Je n'avais plus à tenir un rôle, plus d'obligations, ni galanterie, ni politesse, ni propos sucrés. Je pouvais me promener en robe de chambre, aller et venir, penser à Napoléon, prendre un livre dans la bibliothèque. Justement j'en cherchais un : *Amour et Néant* de Roger Nimier. Il y avait dans ce livre une phrase dont je me souvenais imparfaitement. Je pris le volume et je retrouvai la citation : « Il vient un temps au cœur du doute où seul un acte figure la certitude. Et on revient aux gestes du plaisir comme on retournerait à l'innocence. » Elle me plaisait cette phrase. J'en aimais les sonorités amples comme des vagues de désespoir. Une musique qui évoque le style de Montherlant. La jouissance sur fond noir, son parcours d'ascèse face au néant.

J'éprouvai une sensation inaccoutumée. Le sentiment du bizarre. Comme si l'air me manquait. Une atmosphère pesante et cotonneuse. Les bruits du dehors me parvenaient de manière assourdie ; j'avais déjà ressenti cette impression lorsque la porte s'était refermée sur la jeune femme rousse. Je me demandais s'il ne s'agissait pas là des symptômes de la paralysie générale ou d'une maladie nerveuse qui commence par altérer l'ouïe. Ce sentiment d'oppression devint si fort que je me dirigeai vers la fenêtre. Je tirai les rideaux. Ce fut un choc : il neigeait à gros flocons. La neige avait recouvert le marronnier, le figuier, les pavés de la cour où se lisait la trace des pas de ma visiteuse, les toits alentour ; elle avait festonné l'encadrement des fenêtres. Le lampadaire continuait d'éclairer bravement. J'ouvris la fenêtre. Un air glacé se plaqua sur ma poitrine. Toute la sentimentalité dont j'étais capable — il est vrai que je ne l'avais pas beaucoup dilapidée, ce soir-là — se portait sur ce phénomène météorologique. Cette neige m'émouvait comme une aventure nouvelle, un signe que la vie continuait. Est-ce le caractère particulier de Paris et des grandes villes qui, en interposant leurs murs de béton, nous rend sensible aux manifestations de la nature ? Je me souviens avec émerveillement de pluies torrentielles, d'orages tonitruants comme un orchestre de cymbales, de bourrasques qui arrachent les parapluies et jettent bas les cheminées comme des quilles.

Cette neige avait un sens, mais lequel ? Était-ce un aïeul mort à la Berezina qui me rappelait à son bon souvenir ? Mais une neige rougie par la tuerie, servant de linceul à tant de morts aurait produit une sensation d'effroi. Alors qu'au contraire j'éprouvais un sentiment de réconfort et d'apaisement. À travers elle, on m'adressait un message dont je ne comprenais ni la signification ni l'origine. Seulement l'effet bienfaisant.

La neige n'a pas porté bonheur à Napoléon. Eylau, la Moskova, la Berezina. Ni la mer, Aboukir, Trafalgar, Dunkerque. Ni l'amour, Désirée Clary, Joséphine, Marie-Louise.

C'est dans un paysage sous la neige, à Château-Chinon, que j'ai parlé de Napoléon avec Mitterrand. Mais ce n'était pas son homme : son antipathie pour de

Gaulle contaminait l'autre général ; il n'était pas loin de voir dans l'arrivée au pouvoir de De Gaulle un relent de 18 Brumaire. Et puis les généraux, pour les socialistes, ça rappelle toujours de mauvais souvenirs : Boulanger, Pétain, Franco. Il m'a raconté alors une curieuse histoire qu'il prétendait avoir entendue un soir dans un café d'un village de la Nièvre. Accoudé au bar, un homme parlait à la cantonade : il racontait Arcole, le sacre, Austerlitz, la campagne de Russie, l'île d'Elbe, Waterloo, Sainte-Hélène. Soudain un poivrot qui l'écoutait avec attention le coupa : « Dis voir, René, çui dont tu causes, ce serait-y pas un certain Robert ? »

Et Mitterrand brochait sur les légendes qui courent depuis des siècles dans cette région du Morvan sur ce fameux Robert, sorte de Mandrin ou de Robin des bois, dont la réputation éclipsait celle des grandes gloires nationales. Ça lui plaisait ces récits qui avaient trait au folklore local et remettaient à sa place le panthéon officiel. Il adorait l'Histoire mais il n'y croyait pas. De Gaulle, là encore, l'avait traumatisé en le frustrant des honneurs qu'il estimait lui être dus. Il ne lui pardonnait pas de l'avoir écarté de la chevalerie de la Résistance, les compagnons de la Libération, et d'avoir biffé son nom sur la liste des résistants présentée par Henri Frenay. Depuis, Mitterrand se méfiait de l'Histoire et de ses soi-disant grands hommes. Il est vrai qu'il n'était pas encore président, et des présages obscurs semblaient annoncer qu'il n'y arriverait jamais. Il avait la poisse. L'échec d'ailleurs lui allait bien. Mieux que le succès sous la Quatrième. Et là, sortant avec lui, sous la neige, de l'hôtel du Vieux Morvan, j'avais l'impression de rencontrer l'Histoire ; pas une Histoire grandiloquente, mais une Histoire humaine, accessible, dans sa version quotidienne, à ma portée ; une Histoire qui parlait et ne lésinait pas sur les anecdotes.

Mais à l'époque de la jeune femme rousse, je n'en étais pas encore à rencontrer les grands de ce monde, même ceux que je croyais promis à l'échec. J'avais retrouvé le marasme de mes dix-huit ans. J'étais revenu à la case départ. Une femme que j'avais aimée à la folie m'avait plaqué ; j'avais quitté un grand journal ; je m'étais inscrit au chômage : toutes choses qui n'incitent pas à l'optimisme. L'horizon se bouchait. Je me disais que ces quelques années flamboyantes dans le journalisme n'avaient été qu'une astuce du destin pour mieux m'abattre. Je me voyais en demi-solde, traînant la savate, et sombrant peu à peu dans l'amertume et l'aigreur.

Heureusement il y avait la littérature. Jamais bouée de sauvetage n'aura été plus utile. Je sombrais mais je m'accrochais à ma bouée. Comme Mitterrand aux heures difficiles : quand tout l'abandonnait, il écrivait : une prose léchée, un peu endimanchée, qui ne révèle rien de sa complexité de personnage à la Benjamin Constant. Il meuble avec des descriptions bucoliques. Sauf quand il sort ses griffes : alors le polémiste retrouve une voix personnelle.

Quel dommage qu'il n'ait pas essayé de voir clair en lui. Quel labyrinthe ! Du faux, du vrai, de l'opportunisme, une sincérité, beaucoup de mensonges et malgré tout une vérité : jamais on n'a été autant blessé. Cet homme si fier, si orgueilleux aura payé très cher le pouvoir. Quelle humiliation lui aura été épargnée ? On l'a accusé de tout : d'avoir livré les plans de bataille au Viêt-minh, d'avoir monté un faux attentat contre lui-même, d'avoir été un pseudo-résistant.

Sa limite, c'était son refus de l'héroïque, donc de Napoléon. Il suspectait dans la grandeur une mise en scène, une imposture, ce pouvoir personnel qu'il feignait de honnir et de pourchasser et qu'il devait pourtant exercer de la manière la plus capricieuse et la plus absolue. Il faut remonter à Metternich pour trouver un chef d'État qui se repaît des correspondances amoureuses décachetées par un cabinet secret. Cela a un côté stendhalien qui s'accommode mal avec les grosses chaussures à clous du GIGN.

Sans ces périodes de basses eaux de l'existence, on ne mesurerait pas son étiage. Être abandonné de tout et de tous, sentir le vide autour de soi, la solitude, cela a l'effet bénéfique d'un bon élagage. On a toutes les chances de mieux reverdir.

L'ennui quand la chance vous quitte, que les jeux de la vie sociale se réduisent à leur plus simple expression, c'est qu'alors on a besoin de l'amour. C'est la flamme qui tient lieu de tout. L'amour me manquait. Et les expédients que j'employais pour l'oublier ne faisaient que raviver la blessure. La femme qui était partie se parait de tous les charmes. Quelle fille d'un soir pourrait jamais rivaliser avec un souvenir ? Oui, j'avais besoin d'être amoureux, besoin de m'enivrer, de m'oublier. Mais les lucioles du sexe, comme la jeune femme rousse, me renvoyaient à moi-même. Une fois l'instant de griserie passé, j'aurais le sentiment de m'être trahi, d'avoir galvaudé une part précieuse de moi-même.

Tandis que j'emplissais mes yeux de ce paysage de neige, je savais que ce moment de magie ne durerait pas. Une humeur noire, destructrice, distillerait en moi ses poisons. Je n'aurais plus de repos. Il me faudrait marcher, m'étourdir, pour tenter de déjouer ce mal qui, où que j'aille, quoi que je fasse, ne me laissait pas de paix. Quand cet hiver du cœur cesserait-il ? Cette impression de froid qui s'insinue au plus profond de soi, qui nous fait détourner les yeux de l'avenir.

Et la jeune femme rousse ? N'avait-elle pas elle aussi son drame, sa blessure ? Sinon pourquoi serait-elle allée tromper sa solitude au Rosebud ? Quel malheur voulait-elle fuir ? Elle ne cherchait pas le plaisir, elle voulait fuir un tourment. Le plaisir franchement, c'était bien, à moi aussi, le cadet de mes soucis. Il faut être singulièrement simplet pour imaginer que c'est le but de ce genre d'aventure. On cherche autre chose. On veut croire à tout prix qu'on va allumer ce feu dont parle Bachelard, celui que les premiers hommes cherchaient à provoquer en frottant deux bouts de bois pour déclencher l'étincelle en s'inspirant de cette flamme qui naît de l'étreinte de deux corps. D'où venait que chez moi le frottement du corps ne produisait plus de feu mais de la cendre ?

Pourquoi n'avais-je pas tenté de comprendre cette femme du Rosebud ? Pas un geste de compassion, ni de tendresse. Ma dureté avec elle ne s'expliquait que parce que cette rousse vagabonde me renvoyait l'image insupportable de celui que j'étais. D'ailleurs je ne l'avais pas supporté puisque, la besogne achevée, j'avais coupé court aux épanchements. Probablement elle me détestait pour les mêmes raisons. Nous n'étions l'un pour l'autre que des commodités ; des figurants indispensables pour réaliser une scène tragique de notre théâtre intérieur, partant chacun de notre côté, sans rien échanger, ni mots d'amour, ni numéro de téléphone, ni promesse de nous revoir. L'acte avait rendu nos personnes soudain inutiles. Pas la peine de recommencer l'expérience.

Cette neige me rassurait. Elle m'apportait le seul message d'espoir que je pouvais entendre : que tout passe, que tout recommence, que tout meure pour que tout renaisse. Combien d'hommes avaient souffert ce que je souffrais, vécu ce que je vivais ? Ils avaient survécu et avaient souri de leurs souffrances. L'image de Napoléon s'imposa à nouveau à moi. Ce qui le distingue et fait de lui une sorte de phénomène dans l'ordre humain, ce n'est pas qu'il ait été héroïque en tout. Il a eu ses moments de lâcheté et de découragement. Il a gémi lors des trahisons de Joséphine pendant la campagne d'Italie, il a pleuré de rage en Égypte en apprenant par Junot qu'elle le bafouait. Ce qui fait de lui un personnage hors du commun réside dans son obstination méthodique et réaliste à suivre son rêve, à ne jamais l'abandonner ; à l'obliger à céder devant sa volonté. Voilà pourquoi il plaît surtout aux rêveurs, aux écrivains, aux poètes et beaucoup moins aux hommes politiques comme Mitterrand ; ceux-là sont du côté de Talleyrand et de Fouché, du réalisme. Sa folie des grandeurs les effraie. Ils sont déconcertés par la désinvolture d'un homme qui joue avec le monde, qui perd son empire contre une idée plus haute, plus romanesque de lui-même.

Je me couchai cette nuit là dans les draps où la jeune femme rousse avait laissé la trace d'un parfum musqué. Mais dans mes rêves il y avait des tambours, des armées à l'assaut comme des vagues, une symphonie de mitraille et de feu.

Rencontre infernale dans un train

Il neigeait aussi quand je rencontrai Flore quelques jours plus tard au cours d'un réveillon. Je dansai avec elle. Je vis son alliance presque en même temps que son visage. Son mari devait être dans la foule des danseurs. Je ne me sentais pas capable de franchir ce genre d'obstacle, ni aucun autre nécessaire à une entreprise amoureuse. Pourtant, elle me plaisait puisque je l'invitai à danser. Comment avais-je réussi à faire cet effort pour sortir de mon apathie ? Je lui avais même parlé si on peut appeler parler ce qu'on baragouine sous une musique tonitruante. Tout cela semblait devoir se perdre dans les velléités. Pouvais-je imaginer qu'un an plus tard, elle viendrait me rejoindre aux Arcs en cachette de son mari ? Il y avait de la neige là encore, trop de neige, puisque le jeune directeur de la station avait été emporté par une avalanche. Il était mort, les vertèbres cervicales broyées. Je me souviens d'elle dans la baignoire : elle pleurait. Je regardais par la fenêtre le paysage sous la neige pour me donner une contenance. C'est gênant une femme qui pleure. Surtout quand on sait qu'on est responsable de ses larmes. Mais j'étais moi-même trop mal pour aider quelqu'un dans le malheur. Dans un état normal, la tristesse de Flore m'aurait apitoyé ; cette fois elle m'agaçait, comme les gémissements que pousse une personne qui souffre d'une rage de dents en face d'un homme atteint d'un cancer généralisé. Dans la chambre nue, un seul objet accrochait le regard : ma machine à écrire, une Olivetti d'un rouge vif. Elle pavoisait bien en évidence, inutile, comme un aveu d'orgueil et d'impuissance. Je demeurai muet, glacial ; j'attendais que la crise passe. Mais les sanglots redoublaient peut-être en raison de mon indifférence. Je regardais toujours la neige. M'inspirerait-elle un expédient pour sortir de cette situation pesante ? C'était mon œuvre : pourquoi avoir voulu la faire pleurer ? pour la rendre pareille à moi ? pour répondre coup pour coup à ce que j'avais souffert à cause d'une autre ? Je ne connais pas de tortionnaire plus énigmatique que le cœur humain.

Puis les choses s'arrangèrent autant qu'elles le peuvent dans ce genre de circonstances. Flore partit retrouver son mari à Val-d'Isère. Je l'accompagnai jusqu'à la télécabine. Il y avait entre nous une ambiance aigre de rupture. Pourtant lorsque la cabine s'amenuisa jusqu'à devenir un point rouge dans la vallée de la Maurienne, soudain Flore me manqua. Je me reprochai ma conduite. Je ne pouvais plus la joindre. Je devrais attendre qu'elle me téléphone. Je passai une nuit affreuse. Je l'avais perdue par ma faute. Les projets les plus fous me traversaient : aller la retrouver, envoyer un télégramme. Mais j'ignorais où elle habitait. Et si je rencontrais son mari ? Non il n'y avait pas d'issue. Seulement payer : souffrir. Le lendemain, le téléphone sonna. C'était Flore. Elle me pardonnait. Son pardon me déchirait. Je ne le méritais pas, pas plus que je ne la méritais, elle, sa compréhension, son éternel pardon.

Pourquoi mon intrusion dans sa vie se réduisait-elle à lui causer des souffrances ?

Trois jours plus tard, je regagnais Paris, ma machine à écrire rouge à la main. Je marchais dans la neige. La cabine du téléphérique me déposa à Bourg-Saint-Maurice. Dans le train, j'installai mon bagage dans le compartiment de couchettes et je me mis à regarder le paysage sous la neige, strié par les lignes électriques. Je me demandais quel genre de type occuperait la couchette supérieure. C'est toujours une impression désagréable de devoir passer la nuit en compagnie d'un inconnu, de partager son intimité, les petites habitudes avec lesquelles il dorlote son corps : ses gargarismes, son application à se laver les dents. J'appréhendais un skieur bavard, qui sait s'il n'éplucherait pas une orange ? Peut-être un ours descendu tout droit des pistes sans passer par la douche ? Je m'attendais au pire tant il est certain qu'il arrive toujours. Le contrôleur se présenta : l'idée que peut-être je serais seul me remplit de joie. Celui-ci ne me laissa pas d'espoir, la cabine supérieure était réservée. On annonça le départ : l'inconnu allait-il rater le train retardé par les avalanches qui barraient les routes ? Je vis un homme courir sur le quai et monter dans le train au moment où celui-ci allait s'ébranler.

Mes pires suppositions furent contrariées. J'avais devant moi un homme jeune, sympathique, ouvert. Prévenant, il me demanda si je préférais la couchette supérieure. Cela m'était égal autant qu'à lui. Après avoir rangé ses bagages, il vint me rejoindre dans le couloir. Il avait envie de bavarder. Sa conversation était légère, agréable. Il pétillait de gaieté. Nous parlions de ski, de pentes glacées, de pistes rouges, de conditions météorologiques, des avalanches. Une petite musique agréable, pas fatigante, tandis que le paysage se déroulait devant nous, interrompu par les tunnels. Comment un détail aussi anodin que l'agrément d'un compagnon de voyage, au lieu et place d'un raseur, peut-il ensoleiller à ce point un moment ? La nuit tomba, effaçant les montagnes. Nous regagnâmes la cabine encore aménagée en petit salon. Ma machine à écrire rouge trônait sur la banquette.

La conversation prit un tour plus intime. Il me parla de sa femme et de sa fille qu'il venait de quitter. D'un ami qui avait fait une mauvaise chute et qu'on avait dû transporter d'urgence à l'hôpital de Bourg-Saint-Maurice. Puis de ses activités au sein d'une grande banque d'affaires. Chez un autre, de tels propos m'auraient fait bâiller. Mais ce jeune homme était si lumineux qu'il éclairait même les mornes OPA, les fusions-acquisitions. Je l'écoutais intéressé, dépaysé, faisant semblant de comprendre cette mécanique boursière à laquelle pourtant je ne pipais mot. Enfin ne voulant pas trop s'appesantir sur ses activités, il s'enquit de ce que je faisais.

Je désignai la machine à écrire rouge.

— Je l'avais remarquée, me dit-il. Je me demandais si vous n'étiez pas un ami de ma femme. Si vous n'étiez pas (j'entendis avec effroi prononcer mon nom). Elle m'a souvent parlé de vous. Je crois que vous vous êtes rencontrés chez les... et que vous connaissez les...

Ces noms m'apparurent aussi dangereux que des précipices. Il parlait de cette rencontre comme s'il s'agissait de la situation la plus naturelle du monde, la plus claire, la moins suspecte.

Déjà je ne l'écoutais plus. Rencogné sur la banquette, je sentais mon être se rétrécir. Son amabilité me devenait pénible. Elle me faisait horreur. Comment ne pas me trahir par un changement brusque de comportement ? Que faire pour donner le change ? Je ne pouvais supporter ma duplicité. Comment ne s'apercevait-il pas qu'il devait me haïr ? Un ami de sa femme ! Est-ce que ce genre de relation n'est pas forcément suspect ? Pourquoi n'éprouvait-il aucune méfiance ?

Ma bonne humeur s'était tarie. Je répondais sans enthousiasme à ses propos. Il crut que j'avais sommeil, et une fois encore, par délicatesse, il feignit de vouloir dormir. Il appela l'homme de nuit pour déplier les lits. J'admirais son aisance sociale, ses manières pleines de tact et d'assurance. Pendant qu'on préparait nos couchettes, nous nous retrouvâmes dans le couloir.

Je le voyais de profil, éclairé par intermittence : il était beau, séduisant, il devait réussir tout ce qu'il entreprenait et mener ses affaires avec franchise et bonne humeur, comme sur une piste de ski avec de bons camarades. Alors pourquoi était-il bafoué ? Pourquoi par moi ? Quelle mystérieuse fêlure dans son couple pouvait expliquer la conduite de sa femme ? Il ne pouvait savoir à quel point son infortune me le rendait fraternel : n'avais-je pas été trompé moi aussi, ravagé par cette jalousie dont il ne manifestait aucun symptôme ? Apprendrait-il un jour la vérité ? Saurait-il jamais combien j'avais été hypocrite ?

Dès que les couchettes furent prêtes, il me proposa courtoisement d'entrer le premier dans la cabine afin que je me prépare pour la nuit. Je déclinai son offre prétextant mon manque de sommeil. Il me souhaita bonsoir et la porte en bois laqué du compartiment se referma sur lui.

Qu'allais-je faire ? Il m'était impossible de m'allonger à quelques centimètres de cet homme. Pourtant je ne pouvais pas passer la nuit ici. L'angoisse me saisit : et s'il savait ? Je me voyais égorgé durant mon sommeil ou, pire, réveillé en sursaut pour une explication d'homme à homme. Autant d'inquiétudes qui ne m'inspiraient pas une féroce envie de dormir.

À Bourg-en-Bresse, épuisé d'avoir imaginé les multiples drames possibles que je risquais, autant par fatalisme que par lassitude, je m'abandonnai à mon sort.

J'entrai à tâtons dans le compartiment. Seule une veilleuse violette diffusait une faible lumière. Par précaution, je me glissai dans ma couchette à moitié habillé : en cas de désagrément, je préférais ne pas me retrouver dans la situation désarmée et inoffensive d'un homme nu.

J'entendais la respiration de mon compagnon. Le pire c'est qu'il devait dormir, dormir avec la satisfaction que donne une bonne journée de ski, les muscles au repos, l'esprit serein, la conscience en paix.

Quand le contrôleur signala qu'on approchait de Paris, je fis semblant d'être assoupi. Je l'entendis faire ses ablutions. Lorsqu'il fut prêt et qu'on annonça l'entrée en gare, je ne m'étais toujours pas résolu à me lever. Il quitta le compartiment avec ses bagages non sans m'avoir adressé un très discret au revoir. Je grognai une réponse et tirai les draps sur mon visage.

Premier émoi amoureux

J'avais quatre ans. Dans l'île de Noirmoutier. Je revois l'ancien phare, appelé la tour Plantier, qui dominait la crique sablonneuse de l'Anse Rouge, un nom qui lui restait d'un sanglant massacre entre les chouans et les Bleus qui tentaient de débarquer. Elle était paisible cette plage. Le sang avait stimulé la végétation luxuriante. Les mimosas abondaient. On se baignait le matin dans une eau glacée. On s'allongeait sur la plage dans un doux repli de sable où un soldat, le ventre ouvert, avait peut-être agonisé. Puis on allait se changer dans la tour. Une atmosphère fraîche et humide comme celle d'une grotte d'où s'exhalait une odeur de moisi et de sapinette. À quoi pensais-je alors ? Je flottais dans quelque brume. Soudain, un spectacle inhabituel attira mon attention : dans la pièce, près de moi, deux jeunes femmes, une brune et une blonde, ôtaient leur maillot de bain, le rinçaient et le suspendaient au rebord d'une fenêtre. Nues, comme si de rien n'était, inattentives à ma personne, elles se douchaient, se couvraient le corps de crème, tout en bavardant. Elles plaisantaient, se racontaient des épisodes de vacances. Peut-être se confiaient-elles des secrets ? Ou bien parlaient-elles des robes qu'elles allaient mettre le soir ? Ces paroles s'envolaient, elles n'avaient aucun sens pour moi. Ce qui me bouleversait, c'était la présence nouvelle et fabuleuse d'un corps de femme. Le tumulte que cette découverte provoquait dans ma tête m'effrayait. J'étais pris entre la stupeur de la découverte et la fascination. Je ne pouvais détacher mon regard de ces corps. Je les scrutais, je les épiais, et plus je les observais plus mon trouble augmentait. Je pressentais qu'un tel phénomène ne pouvait avoir qu'une cause grave. Un secret auquel je n'avais pas accès. Je me sentais impuissant et plein de rage de n'être pas en mesure de le comprendre. Lorsque les deux jeunes femmes se rhabillèrent, je les regardai encore, les dénudant sans fin, superposant à cette vision sage et banale le souvenir plein de feu que j'avais d'elles. Le reste de la journée, je restai les yeux dans le vide, happé par le souvenir de ces corps, de cette part aventureuse, ténébreuse, qu'ils dissimulaient. Le jour suivant, l'image revint m'obséder. Ce ne fut qu'avec le temps qu'elle perdit de sa violence, non de sa suggestion. Quand j'y repensais un engourdissement me prenait, moins délicieux que cruel, comme une faim qu'on ne peut rassasier. Que ce fût ma mère dont je venais de découvrir la nudité — en même temps que celle de sa sœur — n'aurait pas beaucoup d'importance si, à la même époque, celle-ci n'avait décidé de se séparer momentanément de moi. Elle me confia pour plusieurs mois à un couple de pêcheurs de cette île qui, n'ayant pas d'enfant, regardaient ma venue comme une bénédiction du ciel. Bientôt, malgré la déchirure de la séparation, le visage de ma mère et celui de mon père s'estompèrent. Je ne pensais pas plus à eux que s'ils n'existaient plus, que s'ils n'avaient jamais existé. Je regardais d'un œil distrait les lettres que m'adressait mon père, qui comportaient des dessins et des histoires.

Quel mal il se donnait pour me témoigner sa tendresse ! Je regardais ces lettres sans émotion comme s'il s'agissait de nouvelles venues de personnes étrangères. À un certain degré dans la souffrance de l'abandon, on se forge une indifférence qui vous préserve de la folie. Mes parents nourriciers n'apportaient tant d'amour que j'oubliais celui que me portaient ceux qui m'avaient inexplicablement fui après m'avoir, tout aussi inexplicablement, mis au monde. L'histoire du Petit Poucet ne m'apparaissait pas comme un conte, mais comme une aventure réelle. Oui, j'oubliai tout, le visage de mes parents, leur existence, la vie que j'avais menée avec eux. J'oubliais tout, sauf la vision de ces corps nus de femmes dans la chambre de la tour Plantier qui sentait le moisi et la sapinette. Et l'émoi me reprenait.

Je me réfugiais dans le merveilleux. Je parlais aux arbres qui gémissaient sous le souffle de l'Océan ; je dialoguais avec les petits lézards verts qui se chauffaient sur des pierres ; je suivais avec compassion les caravanes de fourmis dans le sable. Jeanne et Japonais, mes parents nourrissiers, n'avaient qu'un langage rudimentaire. Mais leur amour se manifestait avec autant d'évidence que la présence du soleil. Je les considérais comme des éléments de la nature, comme le vent, les marées. Plus fruste encore était la grand-mère Martin qui vivait seule dans sa tanière à l'autre bout de la maison ; une grande pièce sombre au sol en terre battue qui ne comportait aucun meuble à l'exception d'un lit vaste comme un tombeau ; un seau renversé en fer servait de table. C'était tout ce qu'elle possédait avec un corsage et une jupe en drap noir, une coiffe, la quichenotte, et un châle. Sa cheminée lui tenait lieu de chauffage, de cuisine, de mari — qu'elle n'avait plus — et même de télévision. Sur un trépied, dans un petit chaudron cuisait sa soupe aux herbes. Le bois était rare dans cette contrée de dunes et de marais. Elle employait comme combustible des bouses de vache détrempées, mêlées à du foin, puis séchées au soleil : des bousats. Je donne cette indication à l'intention des ethnologues de la Vendée et aux amateurs de traditions populaires.

Ce feu qui crépitait le soir, réveillant l'odeur âcre et laiteuse des bouses de vache, illuminait la pièce et y faisait danser des ombres. C'est alors qu'elle racontait des histoires plus terribles les unes que les autres : à la mémoire ensanglantée de l'île, ravagée par les « colonnes infernales », s'ajoutait la dilection du peuple pour l'horrible.

Je l'écoutais avec délices raconter ces horreurs comme si elle me narrait des contes pour enfants. Elle s'exprimait en patois noirmoutrin. Je la comprenais très bien : c'est d'ailleurs le seul idiome autre que ma langue maternelle que j'aie jamais pu parler. Son visage de veille figue ridée, éclairé par le feu, prenait une apparence sardonique. Elle ressemblait à une sorcière. Elle l'était peut-être. Elle fuyait les médecins et se soignait avec des plantes qu'elle coupait avec sa faucille au petit jour. La tête farcie d'horreurs, je m'endormais escorté par les colonnes de Turreau, et ses charmants compagnons, violeurs de femmes, éventreurs d'enfants et tortionnaires du même acabit. Alors réapparaissait le souvenir des femmes nues. Puis l'image des corps s'évanouissait, perdait ses contours, s'enveloppait de vague et de brumes. Je me désolais en songeant qu'un jour peut-être cette image aussi s'effacerait.

Le jour, dans mes promenades, je faisais un pèlerinage qui me conduisait non loin de là, à l'abri des dunes, à un énorme tas de pierres qui jouxtait un puits. C'était ce qui restait de la maison de mes parents, détruite par la soldatesque allemande en déroute. Ce lieu me rappelait-il les auteurs de mes jours ? Un sentiment diffus de propriété se développait alors en moi en même temps que la sensation intense de son inanité : j'étais propriétaire de ruines, je possédais quelque chose qui n'existait plus. Seul le puits intact, avec sa margelle en parfait état, désignait qu'ici gisait une maison ; une maison que des gens avaient habitée, où ils avaient dormi, aimé. Et tout cela était détruit. Plus vagues encore que l'image de cette maison sous ces ruines : le visage de mes parents, leur existence même.

Ces parents, je les portais dans mon cœur mais je les jugeais durement : je ne leur trouvais aucune circonstance atténuante. Plutôt que de penser que j'avais affaire à des parents indignes, je préférais croire que j'étais seul, né par l'opération du Saint-Esprit, bâtard, orphelin. Que pouvais-je répondre à cette question qu'on me posait sans cesse : « Où sont tes parents ? Pourquoi n'es-tu pas avec eux ? » C'est la raison pour laquelle les bâtards m'ont toujours paru fraternels. Je les comprends, je les aime, je sais ce qu'ils ont souffert. Je suis l'un d'eux. À ma manière. Japonais — il devait ce sobriquet à ses yeux bridés — m'emmenait avec lui participer à toutes sortes de pêches : il posait des casiers, trouvait des congres sous les pierres à marée basse, des araignées ; parfois, avec sa fouine, il harponnait une sole, un turbot et autres poissons plats tapis dans la vase. Il pêchait également les anguilles dans les marais. Elles grouillaient dans son panier comme les serpents autour de la tête de Laocoon. Durant ces opérations, il ne prononçait pas un mot : non qu'il craignît d'effaroucher ses proies, mais parce que c'était sa nature ; il était laconique, mais non taciturne. Il avait une gaieté à lui, qui ne s'exprimait pas par les mots.

Je trouvais dans les richesses et la variété de la nature une compensation à mon abandon. Quel formidable terrain de jeux. Le soleil, la lune, le vent, qui jouaient avec l'Océan, les plages, les dunes couvertes d'ajoncs, composaient un décor qui suffisait à mon bonheur recomposé.

La nature m'a donné le goût, la passion du merveilleux. Et dans ce merveilleux entraient mon statut d'enfant au destin original et le besoin de calmer mon angoisse en la faisant dériver vers des suppositions imaginaires : je me racontais ma vie et celle des autres pour distraire mon mal. Ainsi naît le romancier qui est toujours un transfuge du malheur.

En quoi consiste le roman, sinon à réparer l'irréparable ? Grâce à lui, l'impossible se réalise ; on se transporte mieux que sur un tapis volant auprès des êtres aimés ; on leur prête les sentiments qui vous font défaut ; on les ressuscite même, s'ils sont morts ; ainsi, j'éprouvais par ce subterfuge un sentiment de puissance sur le monde puisque j'obtenais à volonté la richesse qui me manquait. Je fabriquais de l'amour avec presque rien comme les alchimistes font de l'or avec du plomb.

D'avoir deux mères, une pour les mois d'été, l'autre, Jeanne, pour les longs mois d'hiver, ne laissait pas de me troubler. Je devais m'habituer à ce jeu cruel qui consistait à oublier celle qui me quittait pour m'attacher à l'autre qui la remplaçait. Je finissais par me demander laquelle était ma véritable mère. Surtout cette instabilité touchant une affection fondamentale créait chez moi une angoisse. La sécurité d'un amour unique me manquait.

J'ai longtemps cherché le lien entre ces femmes nues et l'abandon de ma mère, dans ma quête de l'amour.

Est-ce alors que j'ai appris à l'associer au merveilleux, puis, de là au roman, forme adulte du merveilleux ?

Je me rends compte que je parle beaucoup d'amour. En réalité, je ne m'intéresse vraiment qu'à l'énigme du cœur. Ce qui me passionne dans l'amour, c'est qu'il est ce pont mystérieux qui me conduit à moi-même. S'il se bornait à n'être que le prétexte à des aventures sexuelles, il n'y aurait pas beaucoup de raisons de s'en préoccuper. Nous savons au fond de nous-mêmes que l'enjeu est beaucoup plus grave. Il s'agit de gravir des échelons dans un ordre secret. Que cela se passe avec des protestations passionnées, des serments, des coups de reins, suivis d'injures, de rancœur et d'âme froissée, ne doit pas nous abuser sur la véritable partie qui se joue en nous en vue de notre accomplissement. Nous progressons ainsi, nous gagnons des sphères auxquelles nous nous croyions incapables d'accéder. L'amour est une initiation qui ne se termine jamais. Peut-être même a-t-il un destin posthume ? Une ère des réparations succédant à celle des destructions. Peut-être ces sentiments amoureux si volatiles et inconstants désormais cristallisés, solidifiés, apaisés à jamais dans l'état minéral, entrent-ils dans la composition d'une étoile. C'est peut-être elle que nous cherchons confusément, la nuit, dans l'étreinte.

Napoléon et ses ombres

Donc à cette époque de ma rencontre avec Flore, je traversais une période sinistre. Mon thème astral ne devait pas être beau à voir. Ça tanguait ferme du côté des planètes. Les Pluton, les Vénus, les Mars, les Jupiter se télescopaient dans un beau désordre. Je vivais dans un maelström de corps. Il ne s'agissait plus d'amour mais de simulacre. J'abandonnais ma peau à qui la voulait. Tout n'était que tourbillons, ombres, lumières fulgurantes, visages emportés aussitôt qu'entrevus, lèvres, ventres, sexes. Je m'accrochais à des filles à la dérive. Que voulais-je tirer d'elles ? Je ne le savais pas moi-même. Je cherchais à fuir la solitude ; à arracher de moi le passé ? De ces étreintes, je n'ai retenu que le souvenir d'un magma de corps. Les jours ressemblaient à des nuits et les nuits étaient blanches. Le sommeil m'avait fui.

Dans ces moments où l'on désespère de soi, il est rassurant de revenir à Napoléon. Confronté à ce bloc granitique de certitudes, le désarroi sentimental fait figure de chagrin d'enfant. Et puis, toute grande histoire d'amour ne ressemble-t-elle pas à sa vie par son caractère fortuit en apparence mais inéluctable et irrépressible dans son déroulement. On n'y peut rien changer :

ni soustraire ni ajouter aucun épisode. Ainsi, une histoire d'amour a son Brienne, ses boules de neige, son Arcole, son 18 Brumaire, son Austerlitz, puis ses défaites, ses trahisons, son exil. Napoléon, comme l'amour, fait croire à la Providence. Une aventure à laquelle nous accordons tant de sens, qui mobilise tant d'énergie et résume l'essence de notre être, ne peut pas être le fruit du hasard.

Le Napoléon qui m'intéresse, ce n'est pas le triomphateur toutes catégories assis sur le trône impérial — celui-là, inimitable, on le laisse aux fous et aux mégalomanes — mais l'homme blessé, humilié, qu'il fut si souvent. N'était-ce pas sur ce visage intime le moins flatteur, le plus déshérité, qu'il méditait quand, dans les rares répits de l'action, il songeait à lui-même. Comme ils devaient l'obséder ces instants énigmatiques où il avait cru tout perdre, ces plages noires où le cafard le submergeait au point que, n'attendant plus rien de bon en France, il pensait à s'exiler, à s'engager comme simple capitaine en Orient, au service d'un pacha.

Pour un esprit positif comme le sien, cette réflexion devait être particulièrement troublante. Il butait contre un mur. Il ne croyait qu'à l'action, au pouvoir de la volonté, et pourtant il se sentait soumis à d'autres forces, incontrôlables celles-là, contre lesquelles, malgré son génie, il ne pouvait rien. Stendhal, dans la biographie avortée qu'il lui a consacrée, se demande si ce qui le rend si intéressant par rapport à Alexandre ou à César, ce n'est pas justement la connaissance que nous avons de ses faiblesses, de ses doutes, alors que nous ignorons tout des blessures morales de ses grands prédécesseurs. Aucun Bourrienne n'a laissé de témoignage de la nuit pendant laquelle César a hésité à franchir le Rubicon ; aucun général de Ségur n'était présent pour nous livrer le récit de ses angoisses, la veille du jour où il devait se rendre au Sénat, quand un aruspice lui a conseillé de se méfier des ides de mars. Stendhal a raison. Napoléon est un héros moderne parce que, grâce au récit de ses erreurs et de ses désespoirs, nous pouvons imaginer qu'en dépit de la distance sidérale qu'offre son fabuleux destin, par certains traits nous lui ressemblons.

Parfois je rêve d'écrire un ouvrage sur Napoléon qui retracerait ses désastres intimes ; l'histoire des ombres et des échecs qui constituaient un puissant réservoir d'amertume où il puisait un surcroît d'énergie. Ce livre serait l'exact revers de ce qu'on a l'habitude de lire : au lieu des Marengo, des Iéna, des conquêtes, je ferais le récit de tout ce qui a échoué. Ainsi l'échec devant Saint-Jean-d'Acre puis celui de Moscou nous masquent-ils une défaite plus grave car on ne la replace pas dans sa perspective : la fin de son rêve d'Orient. Son ambition d'égaler Alexandre se perdait dans les neiges de la steppe russe comme elle s'était dissipée dans les sables du désert arabique.

Nul plus que lui n'a frôlé les gouffres. Presque à chaque instant une vague d'un océan ténébreux menace de l'engloutir. N'a-t-il pas sans cesse présent à l'esprit le souvenir de la faillite de son père ? C'est dans ce paysage de la banqueroute qu'il a conçu les avenues de ses rêves de gloire. À plusieurs reprises, il cherche la mort : sous-lieutenant, il a songé au suicide ; à Fontainebleau, il tente très sérieusement de mettre fin à ses jours. Au combat, plusieurs fois il défie la mort et n'en réchappe que par miracle pendant la campagne de France, à Arcis-sur-Aube, puis à Waterloo. Et avant il y avait eu Arcole.

C'est à Arcole qu'entre lui et la mort s'interpose Muiron. Ce jeune colonel de vingt-deux ans, officier d'ordonnance de Bonaparte, compagnon des campagnes d'Italie ne porte pas un de ces noms qui accrochent la lumière. La gloire qu'il méritait n'a pas voulu de lui. Napoléon a eu beau faire pour imprimer son souvenir dans les mémoires, et même baptiser de son nom une frégate, celle qui en Égypte lui permettra d'échapper à la flotte anglaise, l'oubli l'a enseveli. Il n'est cité que par accident. Feuchère ne l'a pas oublié lorsqu'il a sculpté le bas-relief de l'Arc de triomphe où l'on voit Bonaparte s'emparer du drapeau pour franchir le fameux pont. Mais qui s'attarde devant ce pilier rongé par le gaz carbonique ?

Anatole France, dans *Sous l'invocation de Clio*, en a fait le héros d'une méditation sur l'histoire. Il y donne cours à son esprit buissonnier et gambade au cœur des événements en savourant les conjectures d'une possible uchronie.

À bord de la frégate la *Muiron*, Bonaparte médite sur les aléas de la fortune et les mystères de la Providence. Ce n'est pas un hasard s'il l'a choisie pour le ramener en France sain et sauf. Il tente de faire partager sa superstition aux marins inquiets : « C'est ce navire qui nous porte aujourd'hui. Doutez-vous que ce ne soit un heureux présage ? » Non seulement la *Muiron* est un vaisseau poussif, à fond presque plat, mais la Méditerranée est truffée de bateaux anglais qui forment un blocus infranchissable : au large de Saint-Jean-d'Acre navigue l'escadre de sir Sidney Smith qui a déjà coulé la flotte française à Aboukir ; au nord de la Sicile, un ennemi encore plus redoutable menace, Nelson qui y croise comme un fauve attendant une proie digne de lui.

Bonaparte tente pourtant ce pari impossible. Il quitte son armée avec une rapidité qui choque Kléber, le nouveau général en chef : « Notre homme est parti comme un sous-lieutenant qui brûle sa paillasse après avoir rempli du bruit de ses dettes et de ses fredaines les cafés de la garnison. » Bonaparte n'a emmené avec lui que quelques fidèles, Monge, Berthollet, La Valette.

L'amiral Ganteaume qui l'accueille à son bord est sans illusion. Il se décharge d'avance de sa responsabilité : « Je gouverne sous votre étoile. » Il ne pouvait mieux dire. Pendant ces quelques semaines de traversée, Bonaparte joue son va-tout. Pris par la flotte anglaise, c'en est fini de ses rêves de gloire. D'ailleurs n'a-t-il pas sur lui un poison qui lui permettra d'échapper à la honte, à ses geôliers. Pour l'instant il philosophe devant les craintes des marins : « Oser... calculer... ne pas s'enfermer dans un plan arrêté... se plier aux circonstances, se laisser conduire par elles. Profiter des moindres occasions comme des plus grands événements. Ne faire que le possible, et faire tout le possible. »

Et il évoque les soldats qu'il a connus et qui ont eu le pressentiment de leur mort prochaine, le général La Harpe à Codogno, le capitaine Aubelet, dit Minerve, tué devant Mantoue. Il y voit le signe d'une « intelligence supérieure à la nôtre ». Et devant Monge, il s'exclame : « On n'évite pas sa destinée. Un homme supérieur voit la nécessité qui le borne. Il ne s'y brise pas. Être grand, c'est dépendre de tout. Les enfants sont volontaires. Un grand homme ne l'est pas. Qu'est-ce qu'une vie humaine ? La courbe d'un projectile. »

La superstition de son destin l'habite. Il le dit encore à Monge comme il l'écrira à Joséphine : « Qu'est-ce que l'avenir ? Qu'est-ce que le passé ? Qu'est-ce que nous ? Quel fluide magique nous emprisonne et nous cache les choses qu'il nous importe le plus de connaître ? Nous naissons, nous vivons, nous mourons au milieu du merveilleux. »

Et comme illustration de cette foi en son étoile, la *Muiron* après avoir évité de justesse la flotte anglaise, parvient à Fréjus.

Muiron c'est l'ange gardien. De l'ange, il avait la beauté, la grâce, la bonté. Il avait été élevé dans l'ombre bienfaisante de la famille Choiseul — son père était fermier général —, toutes les fées s'étaient penchées sur son berceau : riche, bénéficiant de protections, marié à une des plus belles jeunes filles de Paris, ayant embrassé très tôt la cause de la Révolution, il en aimait l'idéalisme et tentait d'en limiter les injustices et le sectarisme. Il gardait les manières et la politesse de l'Ancien Régime, en dépit de son cœur dévoué à la République. Sa brève carrière militaire est plus rapide que celle de son aîné Bonaparte auquel va l'attacher une admiration sans bornes : lieutenant à quinze ans, capitaine à dix-neuf, adjudant général à vingt-deux... il lui reste moins d'un mois à vivre.

Arrive Arcole. Au début, la bataille se présente comme un désastre. Les soldats commencent à se débander. Bonaparte risque tout : il décide de traverser le pont sous la mitraille pour ranimer le courage de ses troupes. Jamais il ne s'est exposé d'aussi près à la mort. Au moment où la mitraille se déchaîne, Muiron qui ne quitte pas des yeux le général en chef se jette sur lui pour le protéger de son corps. Quand Bonaparte se relève, il est couvert du sang de son aide de camp. Celui-ci, blessé mortellement, glisse et disparaît sous l'arche du pont où la rivière emporte son cadavre. On ne le retrouvera pas. Muiron aurait été absent ce jour-là, malade, retardé, Bonaparte aurait disparu dans un combat de second ordre qui se présentait comme une défaite et qui se révélera, quelques heures plus tard, une victoire. Alors sa mort aurait donné raison à Barras qui, un jour qu'on l'avait cru mort, s'était exclamé : « Bonaparte a disparu comme un aventurier de plus. »

C'est la suite du destin de Bonaparte qui éclaire Arcole, sinon cette petite bourgade de Lombardie, cernée par des marais paludéens, ne mériterait pas le détour. Mort à Arcole, on ne parlerait pas beaucoup plus de cet impétueux général que de Moreau, un peu moins que de Bernadotte. Il aurait rejoint plus tôt que prévu ses héros, les Turenne, les Grand Condé, les César, avec lesquels il espérait pouvoir parler métier, dans l'au-delà, « à moins, comme il le dit en plaisantant avec les convives de Longwood, qu'on ne s'effraie aussi là-haut de voir tant de militaires assemblés ».

À Sainte-Hélène où il ne cesse d'ausculter le mystère de sa destinée hors du commun, le souvenir de ce jeune mort continue de le hanter, comme le signe le plus manifeste de son étoile. Napoléon confie à Las Cases : « Muiron sacrifia sa vie pour sauver la mienne. »

Je rencontre Flore

Quand je rencontrai Flore, j'étais dans la pire période qui fût pour tomber amoureux : j'avais voulu le succès, l'amour, il ne me restait plus rien. Et Flore proposait de me dédommager en m'offrant le bonheur, mais elle le faisait au mauvais moment, celui où je ne pouvais rien recevoir, ni rien donner. À cette époque, j'aurais dû fuir Flore, autant pour elle que pour moi. Il me fallait m'enfoncer dans ce deuil de l'amour, atteindre le fond — cela faisait longtemps que le fond atteint, je descendais encore. J'aurais dû reforger mon âme dans la solitude. Mais on ne décide rien. On n'est que l'observateur impuissant des événements qui doivent arriver. Et je vis Flore, je la revis, puis je devins son amant. Il entrait dans l'attrait qu'elle exerçait sur moi un élément qui n'avait aucun rapport avec l'amour : elle était riche, très riche, donc légendaire. Ce n'était pas la réalité de sa fortune qui m'attirait, mais les lumières d'un monde qui en faisaient au contraire quelqu'un d'irréel.

Commença alors, près d'elle, une vie en apesanteur. Tout dans ma vie se ralentissait ; les épines de l'adversité se métamorphosaient en roses. Bientôt elle quitta son mari. Je me retrouvai dans un ravissant appartement de plain-pied sur un jardin, rue Cortambert, dans le quartier du Trocadéro. L'atmosphère lumineuse, pleine de verdure, de calme, respirait encore l'harmonie de ce bonheur conjugal que je venais de saccager. C'était ce bonheur que je convoitais. Quelle folie de croire qu'on peut impunément le voler ! Au début j'éprouvais la griserie que l'on ressent devant un paysage nouveau, une griserie superficielle qui anesthésiait ma souffrance. Je découvrais un univers préservé, sans angoisse de fin de mois, sans peur de l'avenir, sans ce ciel bas de la pauvreté qui écrase l'horizon. Ces ombres de l'existence pourtant si banales y étaient inconnues.

Je me retrouvais loin des crises de nerfs, des à-coups hystériques, des folies, qui tendaient l'atmosphère dans ma famille d'artistes favorisés par le talent et la richesse mais accablés de drames nerveux. Une électricité de haut voltage passait entre les Corot, les Manet, les Degas, cette électricité dangereuse qui avait dû présider à leur création. Tandis que dans cette famille-là régnait la paix. Des horaires confortables et doucement contraignants ; des conversations mesurées dont les décibels n'alertaient pas les voisins ; des échanges de vues politiques qui ne nécessitaient pas d'appeler police-secours. Décidément, s'éloigner de ce monde délétère et psychiatrique des artistes avait du bon. Aucune convalescence — fût-elle amoureuse — ne pouvait trouver meilleur climat.

J'installai mon humeur noire dans le confort. Des coussins moelleux servaient de support à ma mélancolie ; partout où portaient mes yeux, ce n'était que des images de raffinement et de paix. Mon désordre intérieur ne rencontrait que l'harmonie : harmonie des meubles et des objets qui évitaient l'emphase d'un luxe tapageur ; les domestiques passaient, aussi discrets que des chats ; aucun bruit discordant ne venait du dehors seul le pépiement des oiseaux faisait pénétrer la mélodie du ciel. Parfois je me voyais m'endormir dans un fauteuil en chintz, toute ambition abolie, la fureur d'écrire dissipée comme un songe un peu fou. Mais mon cœur me réveillait : il ne me laissait aucun répit.

Il me poussait sans cesse hors de ce bonheur. Je partais. J'allais je ne sais où, en quête de n'importe quoi, d'un visage qui passe, d'une aventure qui montre le bout de son nez. Parfois pour rien : seul, je cuvais mon malheur. Je m'asseyais sur un banc dans le jardin du Luxembourg et j'attendais des nouvelles de mon ange gardien. Cela faisait longtemps que je n'en avais pas eu. Peut-être était-il en vacances ? J'essayais d'écrire. La feuille blanche me renvoyait sans pitié à moi-même, comme un miroir. Je m'infligeais quelques tortures et, rassasié de souffrances, je regagnais la rue Cortambert.

On ne m'y faisait aucun reproche. Un sourire accueillait mon retour d'escapade. L'indulgence de Flore me semblait pire qu'une scène : elle m'obligeait à régler mes comptes avec moi-même, avec ma culpabilité. Comme une gifle, des injures eussent été douces en comparaison des châtiments que je m'infligeais. Si au moins Flore m'avait donné le plus petit prétexte à mon inconduite ? Mais je n'avais rien à lui reprocher. Si sévère, si injuste que je me contraignisse d'être, force était d'admettre que je portais seul la responsabilité de mes fautes. Son cœur à elle n'était que pardon. Où puisait-elle tant de force et d'abnégation ? Dans les principes de la religion réformée, dans sa culpabilité de femme adultère, dans la grâce que donne l'amour ?

Elle souffrait pour la première fois. La vie pour elle n'avait été qu'un droit chemin sans heurt, sans drame, où tout s'accomplissait selon ses désirs. Pourquoi avait-elle croisé à travers moi cette forme cruelle de la passion ?

Un mouvement irraisonné me poussait à la faire souffrir. Je ne comprenais pas moi-même ce qui m'y poussait. Son apparente résignation, l'absence de riposte à mes attaques ? J'éprouvais un curieux malaise à la voir souffrir : il me semblait, par une sorte de dédoublement, me voir à sa place. En amour, j'avais changé de rôle : de victime, j'étais devenu bourreau. Mais cette conscience du mal que je faisais à cette femme innocente ne m'arrêtait nullement. Je devais aller jusqu'au bout d'un processus mystérieux auquel ma volonté n'avait pas de part. Aucun sadisme n'expliquait ce comportement puisqu'en la regardant vivre les affres que j'avais vécues il me semblait les revivre par procuration.

Chaque semaine elle m'emmenait aérer mon petit enfer moral dans sa maison de campagne de Fontainebleau. Là, dans une nature préservée au milieu des arbres centenaires, je promenais ma mélancolie dans les centaines d'hectares que comprenait la vaste demeure. Je pouvais confier mes peines indicibles aux chevreuils qui venaient gambader dans les clairières, aux sangliers qui attendaient paisiblement que la chevrotine mette un terme à leur existence, ou aux cerfs furtifs dont j'entendais le brame strident, pathétique, appel violent à la volupté et au combat.

Là, je rencontrais ses parents. Je n'en menais pas large. Ces grands bourgeois libéraux me regardaient comme une curiosité : c'était la première fois dans la famille qu'on côtoyait de si près un homme au chômage. La religion protestante a beau faire un devoir de secourir le prochain dans le besoin, elle est d'une maigre ressource pour vous faire admettre que ce paria social côtoie de près la fille de la maison. Je sentais peser sur moi un regard lourd de suspicion : n'étais-je pas un de ces parasites coureurs de dot qui dissimulent leur paresse et leur insuffisance sous des velléités littéraires. J'avais beau avancer devant moi, comme un bouclier, ma machine à écrire rouge, l'Olivetti, dont je ne me séparais jamais, elle ne parvenait pas à dissiper les soupçons. D'autant qu'elle demeurait inexplicablement fermée, attendant la brise favorable de l'inspiration. Parfois, lorsque j'entendais des pas, je frappais frénétiquement sur le clavier pour donner l'illusion que je me consacrais bien au dieu qu'on révérait ici presque autant que celui qu'on allait prier au temple de la rue Cortambert : le travail.

Je finissais par avoir des doutes sur moi-même : étais-je un escroc sentimental ? Un profiteur, un Bel Ami ? Tant qu'à faire c'était plutôt à Julien Sorel que j'aurais songé. En réalité même si on pouvait croire que je me laissais paresseusement entretenir, ce que je demandais à cette délicieuse famille, ce n'était pas son argent ; je ne voulais que humer le parfum de sa fortune, lui emprunter les rêves qu'elle suscite, capter le bonheur d'un monde que j'imaginais magique et insouciant. Jamais gentleman cambrioleur n'a opéré si indolore fric-frac. Moi qui étais toujours à la recherche d'une famille, j'en détenais une enfin selon mon goût : ni hystérique, ni impécunieuse, ni dévorée par des lubies artistiques. Celle-là sortait tout droit des tableaux où Ingres a peint ses prototypes de grands bourgeois de la Restauration avec leur regard paisible, l'assurance que donne la sensation d'être assis sur une confortable et stable fortune.

J'enviais les parents de Flore d'être si différents de moi, d'avoir construit un monde en dur, une solide forteresse qui, de génération en génération, se renforçait ;

alors que non seulement ma famille s'était construite sur les illusions de la peinture, mais moi-même je n'aspirais qu'à mettre en scène des rêves. Comment, malgré tant de bonne volonté réciproque, pouvions-nous nous entendre ? Nous nous regardions chacun avec étonnement comme si nous débarquions d'une planète différente. Dans leur for intérieur, s'efforçant de n'en rien laisser paraître, ils considéraient que la planète à laquelle ils appartenaient avaient donné des gages de succès plus sérieux que la mienne ; et que, pour tout dire, j'étais le plus mauvais parti qui soit pour leur fille ; l'ennui, c'est que j'étais d'accord avec eux. Seul un héros de Dostoïevski pris de fièvre paranoïaque aurait eu l'honnêteté de les alerter sur son cas. Mais moi qui appartenais à un climat moral beaucoup plus tempéré, que pouvais-je faire ? Je me contentais d'admirer sincèrement leur magnanimité.

En attendant, pour les amadouer, je m'efforçais de rendre quelques services. J'avais contracté dans *Anna Karenine* la lubie de Lévine : je voulais faucher. On regarda ce souhait comme une fantaisie passagère de citadin. Le jardinier à qui je demandais la faux dont j'avais besoin et qu'on n'employait plus depuis belle lurette, me regarda d'un œil inamical et s'exécuta avec beaucoup de mauvaise volonté : lui aussi me considérait comme un imposteur, un imposteur qui voulait jouer avec la nature, laquelle ne ment pas. Peut-être même me soupçonnait-il de vouloir lui en remontrer ou, pire, de vouloir restaurer l'usage d'outils que les engins mécaniques avaient rendu obsolètes. Ma demande l'agitait : sa tête de Bourguignon retors et têtu brassait les conjectures les plus folles et les procédés les plus torves.

Je préparais ma faux, graissant abondamment la lame avec du lard comme le faisait Lévine. Puis je m'attaquais à un buisson de ronces et de hautes herbes aussi entremêlées et épineuses que ma vie sentimentale.

À mon premier coup de faux, j'ouvris un vaste espace dans cet embrouillamini végétal. Comme c'était facile. Cela semblait un jeu d'enfant. Je voyais les mauvaises herbes s'abattre comme les régiments ennemis sous la mitraille de la Grande Armée. Il entrait je ne sais quelle satisfaction sadique dans la destruction de cet édifice de ronces. Les mouches étaient affolées ; les guêpes dérangées se préparaient pour une bataille d'Angleterre. Une rassurante odeur de foin et d'herbe coupée, avec une pointe acide de pourrissement d'humus, folâtrait sous mes narines. Certes je renouais avec un mouvement ancestral qu'avaient dû accomplir des aïeux morts depuis bien longtemps, mais surtout j'accomplissais un geste rituel qui me rouvrait d'une autre manière les portes du monde de Tolstoï : je retrouvais fraîche, intacte, chaque sensation de Lévine : d'abord ce sentiment trompeur de facilité ; puis, peu à peu, avec la sueur qui m'inondait, la fatigue m'envahissait ; mes bras, la faux pesaient d'un poids si lourd que l'envie me prenait d'abandonner et d'envoyer promener la faux à tous les diables. Mais l'amour-propre me retenait : je ne voulais pas donner au jardinier qui me surveillait du coin de l'œil et à mes hôtes cette joie à laquelle ils se préparaient. Et puis Lévine n'avait-il pas éprouvé lui aussi ce mouvement de lassitude qu'il avait surmonté par crainte du jugement de ses paysans. Je tins bon. Heureusement, la nécessité de passer régulièrement sur la lame le morceau de lard, puis de l'affûter avec une pierre, ménageait un instant de répit. Peu à peu à l'immense fatigue succéda une sorte d'ivresse : je ne savais plus qui j'étais, ce que je faisais, j'étais immergé dans la nature ; je me mêlais aux arbres, aux herbes, dans une étrange orgie. Mon bras avec une régularité mécanique accomplissait sa besogne ; je n'avais plus aucune idée du temps qui passait. J'étais emmuré dans une délicieuse torpeur. La nuit tombait. Je ne m'en apercevais pas. Pour que je prisse conscience de l'heure il fallut l'appel rocailleux du jardinier bourguignon venu me prévenir que le dîner allait être servi.

Ce soir-là, dans cette famille, on me regarda enfin avec un peu de considération. Pour la maîtresse de maison férue de jardinage, j'aurais pu lui présenter que j'étais l'auteur de *La Divine Comédie* et de *Don Quichotte* réunis, elle eût été moins satisfaite que de voir ses ormes et ses chênes débarrassés des herbes parasites qui les encombraient.

Plus tard encore dans la nuit, avec Flore, je regardais par la fenêtre de notre chambre. À la lumière du clair de lune, je contemplais mon œuvre le long des allées ; peu à peu, sur la grande pelouse, apparut une harde de chevreuils ; d'abord timides, ils s'enhardirent jusqu'à venir sur le perron du château. J'étais fourbu. N'était-ce pas cela le bonheur, ici, à portée de la main, au milieu d'une famille que j'aimais, et qui, d'un caractère indulgent, ne demandait pas mieux que de se laisser conquérir ? Oui, mais il y avait un obstacle, le pire : moi.

La maison de Balzac

J'écris ces pages à l'ombre d'une pergola de glycines face à la mer Tyrrhénienne. Un merle fait des gammes dans la ramure. À mes pieds s'étendent les ruines des thermes de la villa d'Ænobarbus, le grand-père de Néron. Le tepidarium et le frigidarium ouverts aux vents de la mer servent aujourd'hui à prendre des bains de soleil. Avec les pierres de cette villa où Néron enfant devait apprendre des jeux pervers, on a édifié une demeure patriarcale. Elle appartient au neveu de Giovanni Agnelli. La comtesse de R... y séjourne pour l'été. Des jardiniers passent la tondeuse à l'heure de la sieste pour réveiller l'improbable culpabilité sociale des grands de ce monde. Mais leur bruit protestataire est vite absorbé par les stridulations des grillons ; eux-mêmes entendent soudain leur chant couvert par le bruit des puissants turboréacteurs d'un *motoscafo* qui semble voler sur le golfe de l'Argentario. Il emporte vers l'île de Giglio son excellence McDonald's, roi du hamburger, qui y regagne son château haut perché, ou quelque nouvelle gloire de la *finanza* pressée de quitter les touffeurs de Porto Ercole. Ce soir nous dînerons sur la terrasse où la maîtresse de maison évoquera ses souvenirs de Visconti. Demain un motoscafo, moins tapageur, nous emmènera à notre tour dans l'île de Giglio où, à l'abri du petit port d'opérette, nous dégusterons sous une tonnelle des *pasta alla poutarga de tono* arrosées d'un vin blanc local couleur d'ambre, au goût âpre de résiné.

Profitant de la fraîcheur du soir, pour prendre mes distances avec les vanités de ce monde, je suis parti à la recherche de la tombe d'Adriana Ivancich, à Porto Ercole. Le gardien du cimetière avait égaré son registre. Il consultait des fiches dans une grande pagaille. Il s'énervait, jurait à tous les diables, s'emportait contre lui-même, introduisant dans ce paisible cimetière aux passions éteintes les éphémères fureurs du monde des vivants. Son énervement a atteint son comble quand le chauffeur qui m'avait conduit l'a apostrophé avec vivacité : « *Il signor ha fato mille nueve cento kilométro per videre la tomba de la signora.* » Je l'abandonnai à ses vociférations pour parcourir les allées. Peut-être pour la retrouver bénéficierais-je de cette chance qui avait tant manqué à cette malheureuse. La tombe de l'égérie de Hemingway devait être plus discrète que ne l'avait été sa vie. Enfin je la découvris dans le carré des étrangers, près de celle d'un certain John Lewingstone : une simple sépulture en pleine terre, mal entretenue, où poussait un étique pittosporum. Une dalle gravée : Adriana Ivancich von Rex 1931-1983. Cet asile déshérité exprimait bien le destin de cette belle suicidée : après avoir connu la gloire à Venise, pourquoi avait-elle fui ici son passé douloureux, et résolu l'énigme de sa vie dans la mort ?

Je ne m'adosse à ces splendeurs sociales que pour prendre les forces nécessaires à une plongée en apnée dans mon passé le moins flatteur. Une opération douloureuse dont j'ai l'impression de remettre la date jour après jour par crainte de souffrir. Comme je préférerais poursuivre ma promenade au milieu de ce monde enchanteur où la richesse a sculpté des jardins en terrasses, de vastes pelouses artistiquement décorées de jarres antiques en terre cuite qu'employait l'aïeul de Néron pour conserver son huile, ses parfums, son nectar et son ambroisie.

L'appartement du boulevard du Montparnasse où j'ai vécu de longues et sombres années ne bénéficiait pas de la clarté de la mer Tyrrhénienne, ni de son horizon, ni de ses parfums : il donnait sur un immeuble chassieux, une tourelle qui abritait un escalier, des toits en zinc : de la cour montait la fétide odeur de l'arrière-cuisine d'un restaurant chinois. C'était un paysage cafardeux au possible. Le petit appartement de mes parents m'étouffait. Il endeuillait tout espoir de bonheur. Une vie entière me semblait insuffisante pour fuir la lugubre impression d'emprisonnement qu'il me laissait. Il était un témoignage d'une existence nécessiteuse que je n'admettais pas. Je me révoltais contre la vie qui nous infligeait à ma mère et à moi une telle humiliation. J'en voulais à mon père d'y avoir consenti. Non que je voulusse vivre fastueusement à la manière des successeurs d'Ænobarbus avec leurs huit domestiques, un cuisinier, un chauffeur, quatre jardiniers. Le bonheur de Marot m'aurait suffi :

Son principal espoir ne dépend que de lui
Il est sa cour, son roi, sa faveur et son maître.

D'ailleurs un dénuement bien plus grand à Noirmoutier, puis, plus tard, dans les îles grecques ne m'a pas rebuté. Un quignon de pain, des tomates arrosées de soleil, une cahute en paille tressée et un bel horizon m'ont toujours paru un luxe.

Mais enfant, adolescent, c'était déjà un sort douloureux de subir en secret l'amertume d'une situation défavorisée, aussi j'essayais d'éviter l'humiliation qu'en plus cela se sût. Si j'ai dépensé des trésors d'imagination dans mon existence, c'est moins pour donner vie à des personnages de roman que pour tenter de dissimuler auprès de mes camarades de classe la réalité de ma situation. D'autant qu'elle ne venait à l'esprit de personne. Au contraire on m'imaginait vivant au milieu des trésors de l'impressionnisme, des Corot, des Degas, des Manet, des Renoir et des manuscrits de Valéry. Cette imposture, je la laissais se répandre sans la démentir. Elle n'était après tout qu'à demi fausse. J'étais prêt à tous les mensonges plutôt que d'avouer une position qui m'humiliait. Un jour, en classe, un de mes camarades me proposa ce que je redoutais : venir me chercher chez moi. J'aurais entendu les trompettes du jugement dernier que mon sang ne se serait pas glacé aussi rapidement. J'accusai le choc sans broncher.

Tout de suite je trouvai un obstacle rédhibitoire pour contrecarrer le désir de mon camarade. J'avais toujours dit que j'habitais la maison de Balzac. J'espère que le romancier qui, toute sa vie, a tiré le diable par la queue ne m'a pas tenu rigueur de ce pieux mensonge : il m'avait été inspiré par un camarade d'un autre collège, fils du peintre Chapelain-Midi, qui, lui, avait la chance de vivre dans une maison, dans le quartier de l'université de Censier, qui, elle, avait réellement appartenu à Balzac. Cela devait exprimer ma jalousie inconsciente vis-à-vis de ce garçon de mon âge dont le père était un peintre reconnu et fortuné. Rien ne m'a plus émerveillé dans ma jeunesse que cette idée que l'on pût vivre dans un lieu que hantait l'ombre du grand écrivain. J'habitais, disais-je donc à cet ami trop curieux, la maison de

Balzac, mais ma mère atteinte de crises nerveuses, passait sa vie dans une chaise roulante, le domestique qui était son ancien amant avait été chassé de la Légion étrangère, pour meurtre ; quant à mon père, alcoolique au plus haut degré, il ne supportait aucun étranger dans la maison et se montrait capable de violences. N'avait-il pas envoyé à l'hôpital le facteur qui venait apporter une lettre recommandée ? Je brodais ainsi à l'infini cette histoire abracadabrante. Ce qu'il y a de délicieux dans l'affabulation, c'est qu'on n'y est jamais borné comme avec cette stupide réalité qui très vite nous arrête. Je crus, par cette description calamiteuse, avoir définitivement calmé le désir de mon camarade de venir chez moi. Hélas ! j'en avais trop fait. À force d'en rajouter, loin de le détourner de son projet, j'avais au contraire aiguisé sa curiosité.

Un jour de congé, alors qu'à la fin de l'après-midi, je regagnais sans empressement cet appartement si peu hospitalier à mon amour-propre, j'ouvris la porte : mon camarade était là, s'amusant de ma déconvenue ; mon père et ma mère lui faisaient fête. On n'attendait plus que moi. Je claquai la porte et m'enfuis. J'allais cuver ma rage dans le jardin du Luxembourg. Quand je revins le soir, mes parents ne me posèrent aucune question. Dès lors ce camarade, en dépit de ses avances, de ses excuses, je ne lui parlais plus, je ne le voyais plus. Il avait rompu le pacte. Je lui reprochais autant mon humiliation que de m'avoir mis en porte à faux avec mes rêves.

Le lit de Napoléon à Schönbrunn

Revenons donc vite en pays de cocagne. Avec Flore et sa délicieuse famille qui grâce à Dieu n'avaient jamais connu ces blessures et ne pouvaient même imaginer qu'elles existassent. Ils s'habituaient doucement à ma nonchalance ; ils regardaient en moi avec une sorte de fatalisme cet être que le créateur avait conçu sans goût forcené pour le travail, sans le moindre intérêt pour le Dow Jones, sans appétit pour gagner son pain à la sueur de son front ; un phénomène qui rêvait devant sa machine à écrire que les livres se fassent et qui avait un penchant inusité pour lire ces romans dont la frivolité déplaisait tant à Luther. Je ne correspondais en rien à leurs critères habituels : je n'étais ni banquier ni voué aux besognes austères de la haute administration. Je leur donnais l'impression de me la couler douce. Pourtant l'inaction me pesait, mon impuissance à écrire me ravageait. Mais ce drame-là non plus, en dépit de la meilleure volonté, ils ne pouvaient le comprendre.

Au moins, me disais-je, puisque je ne peux rien leur donner, pourrais-je les faire profiter de mes amis. J'en avais deux alors bien différents l'un de l'autre, opposés même autant qu'il est possible et que j'avais, sans grand succès, essayé d'apparier. Le premier, malgré son apparente frivolité et son dandysme, fut facilement accepté. Mais je pensais que Thierry Lévy leur plairait encore davantage : d'abord il était avocat, un avocat déjà connu pour sa défense retentissante d'un criminel hors norme, Buffet, sorte de Lacenaire ; son austérité, ses manières abruptes qui en faisaient un Saint-Just du Palais devaient en bonne logique leur rappeler quelques souvenirs bibliques, la fougue vertueuse de ces prophètes comme Isaïe, comme Job, ivres de justice ; enfin il était juif, et des liens mystérieux ont toujours uni les protestants aux ressortissants de la tribu de Judas : n'ont-ils pas en partage d'avoir subi la vindicte vaticane et les répressions du pouvoir central ? Et puis un avocat appartient à ce monde de la Loi qui n'est qu'un prolongement des Lois dictées par Dieu à Moïse. Mon ami servant cette Loi, et avec quel zèle, ils n'étaient pas loin de le considérer d'avance avec gourmandise à l'égal d'un de ces pasteurs qui, la Bible à la main, indiquent la voie du salut. Sa bible à lui était le code civil et le code de procédure judiciaire.

Tout s'annonçait donc sous les meilleurs auspices. Même le temps se mettait de la partie : il nous offrait une de ces pimpantes journées de juin pas encore caniculaires où le soleil joue allégrement entre les branches des arbres. Mes hôtes en avaient profité pour inviter quelques amis. Un buffet était dressé devant la vaste pelouse non loin des grands arbres resplendissants que j'étais fier d'avoir débarrassé de leurs ronces et autres parasites. Une atmosphère guillerette flottait. Inutile de préciser que ce genre de raout était très loin de ressembler à ces réunions un peu relâchées où les alcools et le vin coulent à flots, où on se tape sur les cuisses en racontant des plaisanteries égrillardes. Cela représentait cependant le maximum d'expansion joyeuse que l'on peut exiger de membres de la Religion Prétendument Réformée. On parlait notamment d'un projet mûri depuis une vingtaine d'années d'installer un terrain de tennis dans le potager. Ce projet maintes fois reporté pour des raisons évidemment beaucoup plus morales que financières était source de beaucoup de débats et de scrupules. Cette dépense extravagante n'allait-elle pas donner à la famille un genre nouveau riche de mauvais aloi ? N'était-ce pas du gaspillage quand tant de gens sont au chômage — à ce mot je baissai pudiquement les yeux pour ne pas accroître leur mauvaise conscience. Bien sûr, un tennis permettrait aux enfants de faire du sport et pourrait leur éviter des maux tels que la paresse ou de mauvaises fréquentations dans les villages avoisinants. Un tennis, après tout, ne demande pas d'entretien — il était hors de question qu'il fût en terre battue comme au Polo — et il maintient un corps sain ainsi qu'un salutaire esprit de compétition entre les joueurs ; de plus, cette émulation les prépare aux traîtres passing-shots de la vie active, et à s'armer de sourire en face d'un adversaire qui vous écrase. La perspective d'une piscine avait été repoussée avec effroi : on eût dit que quelqu'un avait voulu importer les turpitudes d'Hollywood et les cendres encore chaudes de Sodome et Gomorrhe. Quand on arriva, après force tergiversations, à la conclusion que la construction d'un tennis dans cette propriété de près de deux mille hectares n'était pas de l'argent dépensé à la légère, ni une fantaisie dispendieuse qui ferait baisser le crédit moral de la famille dans les environs, je m'aperçus que mon ami était horriblement en retard. La ponctualité au déjeuner n'avait jamais souffert d'exception depuis un siècle, sauf peut-être le jour de la déclaration de guerre en 14, de l'armistice ou de la Libération. Et là le tabou était transgressé depuis près d'une heure. Personne ne semblait s'en apercevoir. Enfin je vis dans le lointain, entre les tours moyenâgeuses du Vieux Château, apparaître un point rouge, aussi rouge et peu discret que celui de ma machine à écrire. Je poussai un soupir de soulagement. Au fur et à mesure que la voiture s'approchait avec le bruit discordant que font les véhicules ayant perdu leur pot d'échappement, on distinguait une fumée noire s'échappant disgracieusement de l'arrière du véhicule, comme le sépia d'une seiche. Ce misérabilisme au moins ne serait pas mal vu, au contraire : j'aurais plus craint pour sa réputation de le voir apparaître en Bentley ou, pire, en Ferrari.

À une centaine de mètres du lieu où nous étions assemblés, la voiture stoppa net, poussant un jappement rauque. Nous nous attendions à voir son conducteur en descendre. L'ennui c'est qu'il ne descendait pas. J'ai rarement connu une appréhension aussi intense. Que se passait-il ? Se fût-il agi de la capsule Apollo, on aurait pu comprendre. Mais, en l'occurrence, le conducteur n'avait eu à franchir que les cinquante kilomètres qui séparaient Paris de Fontainebleau. Tout de suite une explication plausible de ce comportement inhabituel me vint à l'esprit : mon ami avait un malaise. Je me précipitai. Je jetai un regard inquiet vers le conducteur : il me fixait de son œil le plus sévère, celui qu'il réservait aux procureurs dans les moments dramatiques de ses plaidoiries. De sa bouche aux plis amers, avec une expression de dégoût, il laissa tomber :

— Ça pue l'argent ici. C'est insupportable.

J'eus beau faire appel à tous ses sentiments, à l'amitié, à la fâcheuse position dans laquelle il me mettait, il répétait cette phrase.

— Ça pue l'argent ici. C'est insupportable.

Pour un homme de justice, c'était un jugement injuste. Tout ici, au contraire, respirait la discrétion, l'économie méticuleuse, le souci de ne pas gaspiller les bienfaits que Yahvé réserve par la voie de Wall Street à ses plus zélés serviteurs.

Las de mes arguments, il me donna le coup de grâce :

— D'ailleurs je m'en vais.

Le moteur de la guimbarde hoqueta, toussa, crachant ses bielles ; je fus entouré par une épaisse fumée noire, aussi opaque que celle dont usent les anges de l'Apocalypse pour se dissimuler aux regards des mortels qu'ils vont pourfendre.

La voiture rouge reprit le chemin en sens inverse, et je la vis disparaître entre les tours du Vieux Château. Penaud, je revins auprès de mes hôtes et de leurs invités. Ils m'attendaient avec impatience.

— Il a eu un malaise, dis-je en guise d'explication.

— Ce n'est pas étonnant avec la chaleur, s'exclama courtoisement la maîtresse de maison.

Personne ne crut à ma fable. Mais on ne posa aucune question. D'ailleurs, l'appétit aidant, cet incident fut vite oublié par tout le monde. Sauf par moi. Je demeurai pensif devant ma tranche de rôti de porc aux haricots verts.

— Vous n'avez pas l'air bien, me demanda obligeamment la mère de Flore, vous n'êtes pas souffrant par hasard ?

— Ces intellectuels sont vraiment très fragiles, dit le maître de maison avec un bon sens roboratif. Il souriait d'aise. Il allait partir dans sa Simca hors d'âge vers d'improbables champs de courses de deuxième catégorie pour y voir courir ses deux demi-sang, Elzéar et Revenez-y, qu'il partageait avec deux amis de la HSP, tous trois épris de transes hippiques sans vouloir pour autant prendre des risques financiers inconsidérés. Ces chevaux n'arrivaient jamais que dans des classements qui les excluaient de tout gain. C'était pour ces hommes de la haute finance, invariablement abonnés au succès, leur façon de montrer à Dieu que eux aussi avaient leur part d'échec dans ce monde ; un échec d'autant plus juste et mérité qu'il venait de leur plaisir.

J'en voulais à Thierry Lévy de m'avoir fait perdre la face. Ma position n'était déjà pas si glorieuse. Je ne pouvais pas me permettre de l'aggraver encore avec les lubies gauchistes de mes amis. Mais je lui pardonnai vite : ce comportement appartenait à son personnage, à son charme original, à son idiosyncrasie. Je l'admirais. J'aimais son personnage rugueux, granitique, mais capable d'élans d'affection. Son austérité, son intransigeance me plaisaient. Une part de moi-même m'y portait : je sais que ce n'est pas la plus visible. En dépit de tout cela nous étions attachés l'un à l'autre comme des figures complémentaires. Peut-être retrouvait-il en moi le jeune frère qu'il avait tragiquement perdu ? Il voulait que je fusse, contre toute raison, contre toute apparence, du côté du bonheur de vivre.

D'ailleurs, cet épisode mis à part, j'ai connu avec lui des moments de franche gaieté. Et aussi des brouilles suivies de réconciliations, qui ont ponctué notre amitié barbelée, à la fois indestructible et chamailleuse. Lorsqu'il ôte son masque sourcilleux et abandonne sa componction, c'est un esprit fantasque. Cet Hamlet du barreau devient, dès qu'on l'entraîne hors de son centre de gravité judiciaire, le plus délicieux des Mercutio. Je crois qu'il aurait aimé que nous partagions une femme à l'esprit et aux mœurs assez larges ; que nous vivions à la manière de Jules et Jim une belle aventure campagnarde, cynégétique, avec un peu de cette perversité libertine à la mode du XVIIIe siècle qui donne du sel à la vie amoureuse. J'étais trop conformiste pour cela. Trop exclusif. Trop romantique. Cela aussi l'excitait. L'affaire eût été beaucoup moins pimentée si j'avais été consentant. D'ailleurs deux des grands moments de bonheur que nous avons connus ensemble, en Grèce, à Samos, puis dix ans plus tard dans l'île de Koufonissia, avaient cette ambiguïté qui flirte avec l'échangisme virtuel, la partie carrée non consommée. C'est un homme plus voué à l'amitié, à la fraternité que moi et pour lequel les jeux de l'amour ne sont que le prolongement annexe de cette passion dominante. Pour moi, l'amour n'est pas un jeu, même s'il en a parfois les apparences, c'est un drame, une tragédie au cours de laquelle, avec l'aide d'autres bras, je cherche à me rejoindre.

J'emmenai Flore à Vienne. Le temps nous y fut moins favorable qu'au cours de ma mémorable garden-party où Thierry Lévy avait joué l'Arlésienne. Il pleuvait sans cesse. Nous sortions de l'Opéra sous une pluie battante ; nous allions dans les faubours de Grinsing nous abriter dans des auberges d'opérette pour y déguster des saucisses et boire un vin blanc frais des coteaux du Danube ; il pleuvait à seaux sur la toiture de la crypte des Capucins, qui présentait déjà une ambiance crépusculaire avec son exhibition de macchabées impériaux qui dansent un sabbat en entrechoquant leurs ossements, comme si on avait voulu ajouter une liesse morbide à la fascination austro-hongroise pour la mort. Il pleuvait encore sur la route déshéritée qui conduisait à Mayerling. Là, en dépit des traces effacées des amants, tout ne parlait que suicide, folie amoureuse et fatalité tragique des Wittelsbach. Il devait pleuvoir encore quand nous nous abritâmes, Dorothea Strasse, dans un de ces cafés pour intellectuels où on lit les journaux le soir, fixés à une baguette de coudrier, en attendant qu'on vous apporte des gâteaux chauds fourrés à la confiture. De la pluie, de la mort, des gâteaux pour faire passer le reste, nous étions bien à Vienne.

Peut-être la pluie avait-elle cessé pour quelques instants lorsque nous visitâmes le château de Schönbrunn. Tout était magnifique, pétant de dorures, pétaradant de stucs, de marbre, de porphyre. Décidément on se trouvait au cœur d'une monarchie catholique. On ne craignait pas les foudres du pape qui en faisait tout autant. Ce que je cherchais avec passion, ce n'était ni le boudoir d'Élisabeth d'Autriche, ni le bureau de François-Joseph, ni la chambre de Marie-Louise, mais étrangement conservé, tonitruant de simplicité, monument criant d'austérité dans ce palais des richesses, dans une chambre nue, le petit lit étroit de Napoléon. Contrastant avec les proportions de la vaste pièce, ce meuble paraissait minuscule, incroyable de dénuement, inspirant au milieu des falbalas d'une cour frivole un sentiment poignant de grandeur.

Napoléon a trouvé une femme en Autriche, mais il y est surtout venu pour dialoguer avec la mort. Alors qu'il passait ses troupes en revue, au lendemain de Wagram, le 12 octobre 1809, sa garde arrêta un jeune homme étrangement beau, avec des yeux de faïence qui souhaitait parler à l'Empereur. On découvrit dissimulé dans ses vêtements un long couteau de cuisine enveloppé dans du papier. Il s'agissait d'un étudiant de dix-huit ans, nommé Frédéric Staps. Mis au secret, puis condamné à mort, le soir même par le tribunal militaire, le jeune homme devait être exécuté le lendemain. Napoléon fit venir le jeune condamné. Peut-être éprouvait-il des scrupules devant tant de jeunesse, même armée d'un poignard. Alors, se déroule cette scène qui devait plaire à Stendhal :

L'Empereur :

— Pourquoi voulais-tu me tuer ?

Le jeune homme :

— Vous tuer n'est pas un crime : au contraire, c'est un devoir pour tout bon Allemand. Je voulais vous tuer, parce que vous êtes l'oppresseur de l'Allemagne.

L'Empereur :

— Peux-tu me jurer que tu ne tenteras pas de recommencer ?

Le jeune homme :

— Ah, ça, jamais !

L'Empereur se lève, fait un signe aux gardes qui emmènent le jeune exalté. Il l'abandonne à son destin. Quelle mystérieuse passion chez ce jeune homme plus forte même que celle de la vie. Il sera fusillé à l'aube, à l'heure où Napoléon se lèvera de son lit étroit dans sa chambre de Schönbrunn.

Le palais de l'amour impossible

Varsovie croulait sous la neige ; une neige grise, piquetée de mâchefer, qui sentait les fumées industrielles. Cela ajoutait une impression de pollution malsaine à son air de désolation. La bise sifflait. Les passants dans les rues s'enfuyaient avec une expression apeurée comme sous l'effet d'un mandat d'arrêt. À deux heures de l'après-midi, il faisait déjà presque nuit. Ce crépuscule contaminait tout : il semblait, à la suite de je ne sais quel ensorcellement maléfique, qu'on arrivait ici au bout de la vie sans avoir vécu ; qu'un mal incurable empêchait les sourires de s'épanouir sur les lèvres, et que même les baisers ne pouvaient rejoindre les lèvres aimées. Une ville sans joie, sans espoir, reconstruite à l'identique sur ses ruines qui semblait mimer besogneusement la vie, sans entrain, comme une parodie obligée. J'habitais l'hôtel Europelski. Il gardait de sa splendeur d'antan — en réalité celle-ci n'avait jamais existé que dans les prospectus publicitaires — quelques stucs noircis, un décorum aussi usé que le gilet et la chemise du concierge qui n'avait pas connu l'amidon depuis 1939. Les robinets toussaient comme des poitrinaires et crachaient un filet d'eau tiède qui s'interrompait au moment où votre corps enduit d'une mousse grise et acide le réclamait ; les sonnettes ne donnaient que sur le vide ; les draps auraient pu faire d'excellentes serpillières dans un bouge ; quant au téléphone, il ne devait servir qu'à permettre à la police secrète de Jaruzelski de noter vos contacts.

C'est le genre d'endroit qu'on choisirait volontiers pour se suicider ; l'existence ne vous laisserait que peu de regrets ; on ne balance pas beaucoup à choisir les hypothétiques agréments de l'au-delà en échange d'un paysage aussi déshérité. À quoi bon vivre quand il faut piétiner à la porte d'un magasin pendant deux heures pour obtenir une orange ; quand il faut trois semaines d'attente pour se procurer un rasoir mécanique ; un an pour un rasoir électrique ; deux mois pour jouir enfin de l'usage d'une pompe à bicyclette ; deux ans pour une voiture Skoda ; quatre ans pour un branchement téléphonique.

Heureusement je n'étais pas seul : j'avais emporté la biographie de Loti par Lesley Blanch. Magie de la littérature, soudain j'avais chaud comme si je sortais d'un hammam près de la mosquée bleue ; je me promenais le long du Bosphore, je rêvais en contemplant l'Hellespont ; dans les ruelles sonores, je distinguais des yeux de gazelles brillant derrière les moucharabiehs. Ce soir, suivant Loti dans ses escapades nocturnes, j'irais, au péril de ma vie, après avoir soudoyé quelques servantes, étreindre quelque belle désenchantée prisonnière de la concupiscence d'un vizir ; puis, au petit matin, à sa suite, je rejoindrais le marin à la barbe odorante dans la barque duquel il tentait d'épuiser ses inépuisables ardeurs.

Cette Pologne que j'aimais, comme elle me faisait de la peine ; belle désenchantée, elle subissait elle aussi l'enchaînement d'un vizir ; mais la botte russe jointe à la bureaucratie soviétique n'avait rien dans son joug qui rappelât les subtiles et cruelles perversités d'un Ottoman lascif à l'écoute du muezzin, du roucoulement de ses tourterelles et du gazouillis des jets d'eau.

Elle ne pouvait me donner que ce qui lui restait de nostalgies. Les palais où Casanova s'était battu en duel avaient été transformés en caserne ; ne demeurait que l'esquisse d'une ville reconstituée à l'identique mais qui avait perdu la légèreté et l'allégresse qui l'habitaient.

À Cracovie, la veille, du haut des murailles du château de Wawel, j'avais vu la magnifique citadelle encerclée par l'ennemi immobile et menaçant qui depuis trente ans en faisait le siège : les tours patibulaires des aciéries et du complexe pétrochimique de Nowa Huta. Une lourde fumée toxique s'élevait en volutes sinistres de ce camp retranché. Staline avait cru asphyxier l'aristocratique Cracovie en la ceinturant d'usines. Mais l'inverse s'était produit : les ouvriers au contact de tant de beauté menacée avaient pris le parti de cette ville qu'on leur demandait de détruire. Là était né le mouvement Solidarność qui allait embraser l'inflammable Pologne et contaminer tout le système soviétique. Je m'appuyai sur le rebord d'un parapet en pierre pour jouir tristement de ce paysage de désolation industrielle : la pierre semblait étrangement duveteuse. Je regardais mes mains : elles étaient noires d'un mélange de suie acide et de poudre de ciment qui pleuvait du ciel empoisonné.

À Wawel, dans la salle à manger du château qui avait été la demeure des Grands Électeurs, j'avais vu surgir la scène shakespearienne décrite par Malaparte dans *Kaputt* : je revoyais Frank, le bourreau de la Pologne au piano, sa femme et sa fille à leur tricot, puis, lors du dîner, l'arrivée de l'oie énorme servie sur un plateau d'argent, cette exclamation de Malaparte

— « *feuer !* » — « feu ! », exclamation qui après avoir provoqué un moment de stupeur avait déchaîné des rires inextinguibles. Des rires gras d'assassins enflammés de bière et de meurtres.

Je ne pouvais quand même pas lire la biographie de Loti toute la journée, comme Raymond Roussel à Bombay, qui, indifférent à la population et au paysage, s'était enfermé dans la cabine de son yacht pour y lire le dictionnaire de Bayle. Je sortis sans enthousiasme de l'hôtel Europelski. Une large avenue se présentait, lugubre et crépusculaire en ce début d'après-midi. J'avais fait quelques pas lorsque je tombai en arrêt devant un vaste palais où siégeait le ministère de la Culture. J'avais déjà vu ce palais. Mais quand ? Je l'avais vu dans mes rêves, j'en étais certain. Ou alors je l'avais habité dans une autre vie. Il me semblait entendre le grelot de traîneaux depuis longtemps disparus, avec leurs couvertures en fourrure de loup ; les candélabres en argent allumés pour un souper brillaient d'une lueur féerique au premier étage.

Une voix interrompit ma rêverie. C'était celle du cinéaste Andrzej Zulawski.

— Qu'est-ce que tu fiches ici ?

Je le regardais d'un air ahuri. Je bredouillai quelques explications. Comprenant que je n'étais pas dans mon état normal, il n'insista pas, non sans m'avoir révélé le nom du palais : le palais Potocki.

Aussitôt me revinrent en mémoire les souvenirs de la comtesse Potocka. C'était comme si j'avais son livre sous les yeux et que les scènes qu'elle décrit se reproduisaient de manière magique.

J'étais avec l'armée de Murat en ce début d'année 1806, auréolée par la victoire d'Austerlitz. Je montais l'escalier d'honneur quatre à quatre avec un jeune capitaine, Charles de Flahaut, officier d'état-major. Je pénétrais avec lui dans le salon où on le recevait comme un fils de la famille. Une jeune femme ravissante, la femme du comte, demeurait les yeux baissés sur sa broderie. Soudain elle les leva vers lui. La passion les embrasa.

Une passion immédiate, violente, pour lui ; d'une combustion lente pour Anna. Il habitait dans les communs avec les enfants du couple. Un soir, le fils tombe malade ; Flahaut demeure près de lui pour le veiller. Puis la guerre reprend : il doit partir. C'est Eylau où il n'échappe à la mort que par miracle. Anna s'attend chaque jour au pire. Il lui écrit et lui demande de la revoir. Elle hésite. Elle sait que si elle lui répond favorablement, elle ne pourra plus se dérober. Après de violents efforts sur elle-même, quoiqu'il lui en coûte, elle refuse.

Pendant trois ans, cette passion continue de la ravager. Elle ne vit que pour lui, ne songe qu'à lui, à ces moments disparus, à cet amour qui la brûle sans la rassasier.

N'y tenant plus, elle prend prétexte d'un héritage et vole vers Paris. Elle ne cesse d'imaginer leurs retrouvailles au cours de son long voyage en berline. Sera-t-il toujours dans les mêmes sentiments ? La culpabilité la ronge mais l'amour lui paraît une excuse à tout. Elle s'installe épuisée dans un hôtel de la place de la Concorde et l'attend.

Il vient. Les lettres qu'elle lui avait adressées disaient clairement ses intentions. Elle le trouve étrangement distant. Il s'éclipse. Puis il revient le lendemain, se comportant toujours avec la même gêne. Enfin il lui avoue que son cœur est pris. Il l'a aimée à la folie, mais désormais il en aime une autre. Devant cet aveu, elle sent ses forces l'abandonner. Ainsi cet amour si fort auquel elle n'a pas voulu répondre s'est dissipé. Quand il part, le marteau de la porte d'entrée retombe avec un bruit lugubre. Ce marteau, toute sa vie, la hantera comme un glas.

Je m'arrachai à la vue de ce palais avec une impression d'irréalité. Quels fantômes le peuplaient, assez puissants pour m'avoir suggéré leur présence et s'être un instant animés ? Était-ce cet amour contrarié qui n'avait pu les unir et demeurait dans ces lieux, avec son énergie intacte, survivant par-delà la poussière des corps ? Comme la Pologne qui devait exister quelque part sur ses ruines.

Je sors de l'ombre

Si invraisemblable que cela puisse paraître, quelque chose d'heureux m'arriva : je reçus le prix Interallié. Après la malchance, la chance. Le succès me tombait sur la tête. Je passai sans transition des affres du chômage à la lumière des flashes et à la délicieuse torture des interviews. Mon ange gardien s'était enfin réveillé. Ce miracle, le Saint-Esprit n'en était pas le seul responsable, j'y avais mis un peu du mien : j'avais écrit un roman, ce qui est bien le moins qu'on puisse faire pour être jugé digne d'obtenir un prix littéraire. Malgré ma nonchalance, les braises de l'ambition n'étaient pas tout à fait éteintes. J'avais tant bien que mal écrit un livre, douloureusement, dans les moments de répit que me laissait l'angoisse. J'avais tiré de mes bas fonds psychologiques un roman, comme Lucrèce avait écrit son *De natura rerum* dans les moments de lucidité que lui accordait la folie. Je n'en revenais pas d'avoir trouvé la force et l'opiniâtreté d'ériger un ouvrage de plus de trois cents pages.

Dans ce roman, intitulé *Les Feux du pouvoir*, j'avais mis en scène mes désastres personnels et professionnels. On retrouvait en filigrane, sous la réorchestration romanesque, des épisodes vécus : le journalisme, le monde politique, l'affaire des pétroliers qui m'avait valu tant d'avanies, ma mise à l'écart du *Figaro*. Sur une toile de fond politique apparaissaient des personnages dont l'un ressemblait à Hersant, d'autres que j'avais fréquentés auxquels j'avais emprunté des traits. En réalité le nœud de ce roman, son cœur, était constitué par mes relations avec Jean d'Ormesson. On y retrouvait l'admiration puis la lente décristallisation qui avaient marqué notre amitié. D'ailleurs le héros inspiré très librement de lui avait gardé la première syllabe de son nom : Dorsac.

Le jeune héros figurait un type dans mon genre, un idiot d'idéaliste, qui s'éprenait d'une amitié passionnée pour un personnage qui possédait tout ce qui lui manquait : la prestance sociale, l'entregent, le talent de réussir en tout, la séduction. Ensuite venaient les désillusions, l'amertume, le désespoir. Ce roman criait mon dépit à l'Ami qui m'avait abandonné. Peut-être même était-ce une bouteille à la mer qui lui était destinée — ce livre n'a pas eu sur ce point beaucoup plus de chance que ces bouteilles vides qui atteignent rarement leur destinataire mais donnent de l'espoir aux malheureux qui les lancent dans les flots.

Ce livre, on l'a compris, ce n'est pas la peine que j'y insiste, ne brillait pas par son allégresse et sa gaieté. Mais vaille que vaille c'était lui que mon ange gardien avait choisi pour me réintégrer dans la lumière.

Ma famille me fêta comme un revenant. Elle n'y croyait plus. Elle pensait que j'étais perdu corps et biens pour la vie sociale. Mes parents surtout qui, en dépit de l'inaltérable foi qu'ils avaient en moi, craignaient, après l'effort surhumain que j'avais déployé pour apparaître sur la scène sociale, que je n'eusse cédé aux poisons familiaux, à l'à-quoi-bon, à la velléité, au ratage.

Mais là où l'effet fut véritablement spectaculaire, ce fut auprès des parents de Flore. On aurait annoncé à sa mère que les vieux emprunts russes qui traînaient dans les tiroirs, tout juste bons à faire des papillotes, étaient décrétés remboursables par les soviets, convertibles en dollars, intérêts et dividendes à la clé, elle n'eût pas été plus étonnée. Quant à son père, ce fut pour lui un choc émotif aussi fort que si on lui avait annoncé sans ménagement que ses deux demi-sang, Elzéar et Revenez-y, venaient de remporter le Grand Prix de Diane. En fait mon succès rassurait cette famille sur l'extraordinaire faveur dont elle bénéficiait en toutes circonstances : avait-elle l'idée de creuser un trou pour planter un arbre, on y découvrait un gisement pétrolifère. Et là, c'était le nonchalant faucheur de ronces, qui rêvait sur son Olivetti, dont leur fille s'était entichée pour une raison seule connue de la Providence, et qu'ils avaient regardé comme une de ces calamités — une vache maigre — que le Tout-Puissant réserve à ses meilleurs serviteurs pour éprouver leur foi, et bien ce jeune homme calamiteux connaissait le succès. En plus, miracle des miracles, alléluia, j'avais renoué avec le travail, le vrai, le seul qu'ils pouvaient concevoir, avec des horaires, un bureau, des congés payés : j'étais entré au *Quotidien de Paris*.

Dans leur ravissement ils n'étaient pas loin de me voir déjà sous la Coupole en compagnie du pasteur Boegner. Eux, non moi, je le jure. Avoir été infidèle, ne serait-ce qu'une fois à ma patrie, l'échec, suffisait amplement à mon bonheur.

J'accompagne Mitterrand dans sa retraite de Russie

Il neigeait à gros flocons. Le paysage de la Nièvre était uniformément blanc et nous avions tout le loisir de l'admirer : la voiture, un prototype conçu par Ligier, conduite par son créateur en personne, montrait des signes de défaillance. Une de ces pannes de circuit électrique devenues aussi légendaires que la marque elle-même. Mitterrand, près de qui j'étais assis sur la banquette arrière, ne prenait pas la chose au tragique. Ce grand flegmatique ne semblait s'apercevoir d'aucune anomalie : ni des essuie-glaces immobiles, ni du pare-brise dangereusement opaque, ni du bras que le conducteur, baissant sa vitre, était obligé de passer par-dessus la portière pour indiquer un changement de direction, ni de la bise aigre qui s'engouffrait alors dans le véhicule. Mitterrand en avait vu d'autres : c'était moins grave que de tomber aux mains de la Gestapo, moins inconfortable que de se jeter par-dessus une haie avenue de l'Observatoire, moins catastrophique qu'un échec au suffrage universel. Il n'avait aucun reproche à faire à Ligier qui se montrait plein de bonne volonté. Peut-être celui-ci avait-il seulement péché par excès de zèle : une banale voiture de série aurait aussi bien fait l'affaire. Quelle idée saugrenue d'être allé chercher un prototype dont la mise au point laissait à désirer. Mitterrand pardonnait tout à ses vieux amis. Il est vrai que sa position alors ne lui permettait guère de les rabrouer.

Il se montrait d'autant plus enclin à l'indulgence que cette panne mécanique l'incitait à une réflexion sur les inconvénients du progrès. Une antienne chez lui. Il appartenait par toutes ses fibres à la société rurale. Il gardait dans les narines le parfum des caves de cognac, l'odeur des barriques en chêne, les effluves sapides et aigrelets du moût. Ce monde-là, celui des vignerons, lui était beaucoup plus familier que l'univers de l'usine, des réunions syndicales, dans lequel sa conversion au socialisme l'obligeait à évoluer. L'occasion était propice pour raconter combien de temps mettaient ses grands-parents pour franchir en carriole la distance qui séparait Jarnac d'Angoulême ; puis la durée nécessaire aux paysans de Joigny, Charny, Daubigny, Eclevy (il savourait ces noms comme la litanie Beaugency, Vendôme), pour apporter les produits de leur ferme au marché de Nevers.

À l'avant de la voiture, à la place du mort, immobile et comme à l'affût, se tenait François de Grossouvre. Pas un mot inutile ne franchissait ses lèvres, aucun geste superflu ne trahissait sa présence. Tout en économie, en combustion et en réflexion occultes, seul son œil était en mouvement. Ancien agent double du Service d'ordre légionnaire de Vichy passé au BCRA et au SOE, agent en sommeil de divers services secrets et d'officines improbables, on sentait qu'il ne prenait pas à la légère cet exercice de surveillance rapprochée ; sa tension psychologique était extrême ; quelque effort qu'il fît pour paraître impassible, il semblait pressentir un inévitable piège invisible, un attentat. Et même l'espérer. Peut-être à cet instant où il considérait d'un impitoyable regard professionnel l'allume-cigares — défectueux lui aussi, cela va de soi — en tirait-il des conclusions sur un sabotage possible. Qui l'avait commandité ? Le PC, Giscard et Ponia, les RG, les gaullistes ? Tout de même cette panne avait l'air suspecte. Les garagistes de Ligier étaient-ils sûrs ? On sentait qu'à la prochaine étape il démonterait discrètement le plafonnier afin de vérifier qu'aucun gadget enregistreur ne s'y dissimulait. Son visage aigu, couleur de muraille, ayant la propriété d'adaptation du caméléon, prenait les teintes du paysage environnant : ainsi à ce moment était-il blanc comme la neige ; au feu rouge, il prendrait une teinte bistre ; avec les paysans nivernais, il deviendrait rubicond. Tout en écoutant sans en avoir l'air la conversation qui battait son plein entre le premier secrétaire et moi, son œil d'oiseau de proie, avec le mouvement régulier d'un phare, balayait de droite à gauche le paysage devant nous opérant une rotation de 180 degrés. Par moments poussant ce regard un peu plus avant que ne l'autorise à un homme normal le butoir des vertèbres cervicales, risquant un torticolis, il dardait vers moi un œil inquisiteur. On n'est jamais trop prudent : peut-être détenais-je un parapluie bulgare, une aiguille à tricoter empoisonnée au curare ? Qui sait si je n'étais pas un agent manipulé par Kim Il-sung, la CIA ? Grossouvre, lui aussi plein de bonne volonté, pouvait certainement se montrer un homme charmant quand il échappait à ses lubies paranoïaques contractées dans le monde de la barbouzerie. Était-il efficace ? En tout cas il apparaissait aussi tonitruant dans son affectation de discrétion que Dupont et Dupond déguisés en mandarins chinois.

Comment avais-je atterri aux côtés de Mitterrand, dans la Nièvre, sous la neige, à l'intérieur d'un prototype conçu pour aller à trois cents à l'heure mais que des séminaristes sur leur Solex dépassaient allégrement ? Comment étais-je sorti de mon obscurité et de mon indolence, pour me retrouver auprès du monarque du Parti socialiste ? Simplement j'avais été rattrapé par mon passé. Maurice Bennassayag, un socialiste, pour lequel j'avais collé des affiches au cours d'une de ses tentatives pour se faire élire député de Paris — j'avais agi moins par conviction que pour les beaux yeux d'une de ses amies — m'avait téléphoné.

— Ça vous intéresse de rencontrer Mitterrand ? Venez demain à une de mes réunions électorales au restaurant Goldenberg. Je vous présenterai à lui.

En 1978, une telle proposition n'avait pas de quoi vous empêcher de dormir. Mitterrand voyait n'importe qui. Je l'avais observé d'assez loin au congrès d'Épinay, avec son masque figé d'*imperator* martelant des discours assez ennuyeux.

Par curiosité, je m'y rendis. Mitterrand s'avança avec sa cour d'anciens gauchistes empruntant les escarpins de Rastignac. Bennassayag, comme convenu, me présenta. Il fut enjôleur, charmant, disert, caustique. Il manifestait une vraie gourmandise à voir des écrivains, même en herbe, comme c'était le cas avec moi. La cour observait avec dédain ce temps précieux que l'apôtre du socialisme dilapidait en sornettes littéraires avec un individu qui ne votait même pas dans la circonscription. Mais comme Mitterrand était coutumier du fait, on prenait son mal en patience.

Puis, quand un de ses conseillers revint une nouvelle fois à la charge pour lui rappeler les exigences de l'horaire, il me susurra en papillonnant des yeux :

— Cela vous amuserait-il de venir passer la journée

avec moi à Château-Chinon ? Nous pourrions poursuivre notre conversation plus à l'aise.

J'acceptai.

— Ma secrétaire vous appellera demain.

Elle appela en effet. Et c'est ainsi que je me retrouvai dès potron-minet à l'hôtel du Vieux Morvan.

Mitterrand dans le tête-à-tête se révélait aussi bonhomme, chaleureux, amusant que je l'avais trouvé, à la tribune, cassant, sérieux, dogmatique. Il s'agissait bien d'un tête-à-tête dans cette voiture car ni Ligier préoccupé par les bruits suspects qui se manifestaient dans les œuvres vives de son prototype, ni Grossouvre, tout à la détection d'une pièce machiavélique, ne prenaient part à la conversation. Mitterrand avait l'art de perdre du temps. Nous étions bien, guère secoués à ce train de sénateur. Tout y passait : Hersant, Barrès, Chardonne, son morceau de bravoure, Drieu la Rochelle, Napoléon, Jules Renard, Hugo, la Résistance, Frenay, Giscard qui, au fond, l'épatait par son brio. Et puis les attaques de Giscard ne lui faisaient que des blessures d'amour-propre superficielles, tandis qu'avec de Gaulle, ça avait été un duel à mort, l'un des deux était de trop.

Dans mon for intérieur j'étais ravi d'être l'interlocuteur d'un personnage aussi célèbre, flatté de l'avoir pour moi seul écoutant d'un air intéressé mes banalités. Je le trouvais délicieusement accessible et spirituel. Comme c'était dommage qu'un homme aussi courtois et cultivé ait si peu de chances d'arriver au but qu'il s'était fixé : la présidence de la République semblait aussi lointaine, irréelle, et tragiquement impossible à atteindre, qu'un rêve d'enfant. Lui-même ne semblait guère y croire. Il en parlait avec une désinvolture barrésienne, comme d'un rôle obligé qui allait de pair avec son magistère de chef de l'union de la gauche : « Après tout, quoi qu'il arrive, je garderai le mérite d'avoir reconstruit un grand Parti socialiste, d'avoir fait l'union de la gauche. Vous êtes trop jeune pour avoir connu la SFIO, ce n'était pas très glamour. »

Cette excursion avait un sombre parfum de défaite annoncée qui me plaisait. C'était la retraite de Russie dans une berline cassée avec un Bonaparte qui ne serait même pas allé jusqu'au 18 Brumaire. Tout conspirait à donner cette impression de malchance : la dépression atmosphérique, la Ligier poussive, le visage morne des vieux compagnons, le fatalisme désabusé de Mitterrand.

De retour à Château-Chinon, nous gagnâmes l'hôtel du Vieux Morvan où on nous débarrassa de nos manteaux poudrés de neige. Mitterrand me prit à part.

— Je dois déjeuner avec des conseillers cantonaux. Ça ne va peut-être pas voler très haut. Mais cela est toujours intéressant pour un écrivain, n'est-ce pas ? Mieux vaut ne pas dire que vous êtes journaliste, cela les mettrait mal à l'aise. Je vais leur dire que vous faites partie de mon cabinet.

Et il m'installa à sa gauche. Nous étions huit autour de la table recouverte d'une nappe à carreaux, dans une salle isolée. La prédiction de Mitterrand se révéla juste. La discussion ne s'éleva pas dans les hautes sphères de la géopolitique. Mais Mitterrand éprouvait une sorte de délectation à désembrouiller les infimes intrigues de ces braves gens qui se colletaient avec les réalités quotidiennes. Il se montrait à l'aise avec ces bons gros chiens de garde socialistes, la trogne enflammée par le grand air et le vin blanc que Mitterrand repoussait avec sagesse : « Le vin blanc, c'est la mort de l'homme politique. » Il se contentait de vin rouge coupé d'eau. Il parlait du préfet avec considération : « Il ne m'est pas hostile. Mais il doit donner des gages. Je pourrais avoir pire que lui. Mais il est intelligent. Et un préfet intelligent sait bien qu'on ne sait jamais de quoi l'avenir est fait. » Ce fut son seul credo optimiste mais il est vrai qu'il devait remonter le moral de ses grognards.

À la fin du repas, dont l'atmosphère dérivait dangereusement vers la gauloiserie et le café du commerce, on porta des toasts à la victoire de la gauche, à celle du Parti socialiste, et à celle de son chef. Un photographe qu'on avait laissé entrer au dessert immortalisa la scène. J'ai toujours la photo où l'on me voit en compagnie du futur Président levant mon verre à son succès. Cette photo ne m'a pas plus aidé à me faire bien voir de la gauche qu'elle n'a favorisé ma future carrière à droite. On ne comprenait pas très bien où je me situais. C'est normal : je ne l'ai jamais su non plus.

L'après-midi, après un intermède à la mairie, se déroula comme la matinée : même voiture, même Ligier, même Grossouvre, même paysage sous la neige, villages traversés, mains serrées, Aragon avait succédé à Drieu la Rochelle, des flèches partaient en direction de Malraux. J'avais l'impression que nous nous connaissions depuis vingt ans.

Le soir, j'étais exténué. Mitterrand me proposa de poursuivre la tournée en sa compagnie jusqu'à Vichy :

— Comme ça nous pourrons reprendre notre conversation demain en voiture. Et je vous promets que je ne vous infligerai plus de déjeuner avec des élus locaux. Quoique à la réflexion je n'en sois pas très sûr. Mais vous verrez, c'est une habitude à prendre.

Je m'excusai. J'alléguai je ne sais plus quel fallacieux prétexte. En réalité un rendez-vous galant m'attendait à Paris. Je devais y être à minuit et cela me paraissait alors beaucoup plus important que de ressasser de vieilles discussions littéraires. Et puis surtout n'avais-je pas tout mon temps pour reparler avec Mitterrand ? N'allait-il pas être battu une nouvelle fois ? Comme ce serait agréable de le revoir, grand homme passé à côté de l'Histoire, à l'image des héros que j'aimais. Vaincu, abandonné au vertige de son grand rêve fracassé, comme il serait émouvant !

La voiture m'abandonna devant une gare. Je la regardai s'éloigner avec un mauvais pressentiment : Mitterrand serait battu aux présidentielles, cela ne faisait pas un pli, mais, en plus, dans cette voiture fantomatique, chancelante sous la neige, il n'arriverait jamais à Vichy.

Amoureux du ciel et chasseurs d'étoiles

Quelle idée folle d'emmener Flore sur les eaux délétères du lac de Côme ! Avec Venise, c'est le lieu le plus néfaste aux amants. Son climat languide leur est fatal. Je ne sais si cela tient à la propriété de l'air humide, à la chimie toxique des décompositions végétales qui s'opèrent dans les eaux dormantes ou à la dépression créée par la cime neigeuse des Alpes et la douceur du microclimat. La végétation a beau être luxuriante, l'amour, frappé d'anémie et de langueur, y meurt doucement. D'ailleurs les autochtones ont pris leur parti de ce phénomène qu'ils ne cherchent plus à expliquer : par précaution ils font signer trois contrats de location pour les mêmes villas tant ils sont certains que les imprudents qui y vivent leur lune de miel dénonceront leur bail avant l'heure. Rares sont les amoureux qui passent le cap de la deuxième semaine. Seuls quelques couples d'Anglais ou de Scandinaves vaccinés contre tout poison romantique échappent à la fatalité. L'air ambiant a agi : le couple s'aigrit ; les sommiers ne grincent plus ; un lourd silence se substitue aux fous rires ; on ne gémit plus de plaisir mais d'ennui ; les griefs remplacent les serments. On était arrivé plein de feu, on se quitte plein de fiel. Les cœurs éperdus, égarés par les rêves, ont rejoint leur logis raisonnable. Chacun a regagné son égoïsme. Le lac de Côme a accompli son œuvre.

Bellaggio et les villages ocres qui sertissent le lac font pourtant la meilleure impression. Et quel est le couple d'amoureux qui ne se croit pas au-dessus de la loi commune ? Aucun n'échappera au refroidissement fatal.

Ce qui m'attirait là-bas, outre le roman d'un auteur mystérieux, *Madame Solario*, qui entremêle l'inceste et les promenades en barque, les robes d'organdi froissées et la culpabilité, c'était bien sûr la légende de la Pliniana. Cette villa majestueuse habitée par Pline le Jeune, qui a étudié son secret, possède dans ses entrailles de pierre une source vive qui se jette dans le lac ; celle-ci s'interrompt toutes les six heures pendant la même durée. Ce lieu a abrité les amours du prince Belgiojoso et de la duchesse de Plaisance, fille du maréchal Berthier, qui avait abandonné mari et enfants pour fuir avec ce bellâtre, chef des partisans italiens. Elle l'avait quitté tout aussi brutalement quelques années plus tard pour aller habiter sur l'autre rive, le laissant désespéré.

J'abordai avec précaution ces lieux prédestinés au naufrage. Un printemps timide s'efforçait de repousser l'humidité poisseuse.

Nous visitâmes la Pliniana. Un marquis cérémonieux nous en fit les honneurs. Tandis qu'il parlait d'abondance, je voyais le fantôme des amants rôder dans les couloirs ; se jetaient-ils toujours dans le lac, à minuit, à leur habitude, du haut du balcon de leur chambre, enveloppés dans un drap blanc ? Je ne posai pas la question au marquis. Ni lui ni sa femme ne semblaient aptes à concevoir qu'on pût se livrer à de telles extravagances.

Un soir, la propriétaire d'un fameux hôtel, la Villa d'Este, une dame d'âge mûr, imposante, encore belle, nous fit le récit des légendes qui foisonnaient sur le lac.

Le dîner avait le charme pimpant des réceptions transalpines : mélange de potins dénués d'aigreur et de méchanceté, d'anecdotes amusantes ; ni sérieux ni emphase cérémonieuse. On semblait là seulement pour le plaisir, pas pour infliger un cours d'université ou une leçon de morale. Le minestrone vous donnait l'impression de faire le tour du potager. Peu à peu la nuit tombait sur le lac. Des lumières s'allumaient sur les rives. Une odeur aigrelette de moisi et de plantes décomposées perçait sous les effluves des brûle-parfum.

Au café, dans le salon, la conversation déboucha sur D'Annunzio et, de là, sur les grands aviateurs.

Le visage de la maîtresse de maison se rembrunit comme si la nuit du lac tombait aussi sur ses traits limpides.

J'évoquais la figure de Mermoz.

L'hôtesse semblait de plus en plus mal à l'aise.

On en vint à évoquer le nom de François de Labouchère.

Flore s'exclama :

— C'était mon oncle !

Une expression de perplexité se peignit sur les visages. Il y eut un moment de gêne ; chacun cherchait à changer de conversation.

La maîtresse de maison devenue d'une pâleur mortelle se leva et disparut. Aussitôt on livra la clé de l'énigme :

— C'était son fiancé, il est mort à l'âge de vingt ans.

Quand la vieille dame revint, les yeux rouges, elle entraîna Flore dans le petit salon, tandis que la conversation se transformait en messe basse.

Elle lui confia alors son pathétique secret. En 1939, elle s'était fiancée à ce beau jeune homme : un aviateur rayonnant de charme, qui semblait promis à un grand avenir. Dès la signature de l'armistice, il avait rejoint la France libre et s'était engagé dans la RAF. Il s'illustra dans plusieurs combats au-dessus de la Manche. Début 1941, son avion fut abattu. La visibilité était mauvaise. On ne retrouva jamais l'avion ni son corps.

Voilà l'histoire que cette dame gardait dans son cœur depuis quarante ans. Les années avaient passé, elle s'était mariée, elle avait eu des enfants, mais la blessure restait toujours sensible, comme si ce jeune homme n'était pas mort et continuait d'errer en quête d'elle ne savait quelle étoile.

Je devais souvent évoquer le souvenir de François de Labouchère avec Peter Townsend que je connus vers cette époque. Il l'avait rencontré à plusieurs reprises et s'était lié d'amitié avec ce Frenchy venu prêter ses ailes pour défendre l'Angleterre.

Personne mieux que le *group captain* Townsend ne donnait la sensation de ce qu'avait pu être cette chevalerie du ciel. Plus que sexagénaire, il restait beau comme un acteur et juvénile comme s'il venait à peine de terminer ses études à Eton. Cet homme planait. Il ignorait la méchanceté, la jalousie, la vulgarité, le rase-mottes de la vie quotidienne. Il était aérien ; sa belle chevelure d'un blond cendré paraissait sculptée par le vent, tout comme son visage profilé pour la vitesse, et ses yeux bleus semblaient découpés dans un morceau de ciel.

Il vouait une passion aux oiseaux, avec lesquels il se sentait des liens de parenté. Il observait à la jumelle leur vol, leur piqué, leurs migrations en escadrilles. Quand l'un d'eux se blessait, il réparait ses avaries avec la même méticulosité qu'il mettait à retaper l'aile de son Spitfire. Il rêvait d'écrire un livre sur les hirondelles dont il admirait les prouesses de pilotage.

Comment un homme aussi pacifique avait-il pu se muer en redoutable guerrier pendant la bataille d'Angleterre ? Comment avait-il fait, rescapé d'une génération de pilotes sacrifiés, pour être encore vivant ? Vivant il ne l'était qu'à moitié ; une part de lui-même s'en était allée avec sa jeunesse et les ombres de ses camarades moins chanceux. Dénué de toute agressivité, il avait mené la bataille d'Angleterre comme s'il dirigeait une équipe de cricket. Seul l'enjeu différait. Il ne pouvait être question de perdre. Militaire atypique avec une âme de poète, il aimait la vie et la paix qui la rend possible et aimable. Peu à peu il était devenu pacifiste : il avait offert ses décorations et ses insignes à des ventes de charité. Ne voulait-il pas être toujours plus léger ? Il gardait dans une coupelle la balle de mitrailleuse qui l'avait blessé quand son avion avait été abattu au-dessus de la Manche. Il n'avait eu la vie sauve qu'en sautant en parachute.

La célébrité ne l'avait pas plus abîmé que la guerre. Il avait traversé les flashes des paparazzis avec la même indifférence souriante que la mitraille. Le scandale de sa liaison avec Margaret l'avait porté à la première page de tous les journaux du monde. Pourtant son ambition était de vivre obscur au milieu des obscurs. Il aimait rouler seul au volant de sa Jeep à travers les déserts ou la jungle, se nourrissant d'une poignée de riz, dormant sous un arbre avec le ciel pour baldaquin.

Que de tels hommes existent rassure sur l'espèce humaine. Ils relèvent son étiage de grandeur. Parfois je pense que ce nomade a rejoint les étoiles qu'il aimait et qui continuent de guider son ombre comme elles avaient orienté sa vie.

Sur ce lac de Côme, le ciel était bas et lourd, les étoiles absentes. J'observais Flore de cet œil impitoyable et injuste qu'on réserve aux êtres auxquels on n'a que des bienfaits à reprocher. Son amour me pesait. Les ombres de la Pliniana et du lac nous avaient communiqué leur poison. Par toutes mes pensées déjà je la trahissais. Je souffrais d'autant plus que j'étais seul coupable. Je ne pouvais me fournir à moi-même aucune explication. Sinon une : mon démon m'avait repris. Il avait un joli visage ce démon, tant de jeunesse et de fantaisie. Comment aurais-je pu lui résister ? Mon cœur inflammable était déjà embrasé.

La chambre du Pirée

Des yeux noirs brillant comme des cassis mouillés ; un air de malice en accord avec son comportement fantasque, on sentait sous la désinvolture de la jeunesse et de ses dix-huit ans le nerf tenace des résolutions. En révolte contre les siens, mais sans aller jusqu'à casser de la vaisselle, elle transgressait les tabous de son milieu autant qu'il est convenable de le faire et même souhaitable pour prouver un fier tempérament. Brune et passionnée comme une Espagnole qui dissimule toujours une dague sous son oreiller, elle paraissait moins que son âge, mais déjà elle jugeait le monde avec une belle assurance. Le doute n'était pas son fort. Elle tranchait toute question avec autorité. Sauf ce trait qui trahissait une origine régalienne, rien n'indiquait que son oncle était président de la République et que celui-ci s'appelait Giscard.

Cette position ne lui valait guère d'avantages. Le népotisme n'était pas le genre du Président : celui-ci n'était pas loin de considérer qu'appartenir à sa race et porter son patronyme était déjà un honneur excessif. Elle s'amusait avec pas mal d'espièglerie d'un statut qui ne lui valait rien, sauf des égards et la faveur des snobs dont elle se fichait également.

C'était très romanesque d'être le chevalier servant de cette Nièce. Le parfum du pouvoir qui se mêlait aux effluves de l'amour créait une atmosphère stendhalienne qui me plaisait. Il me semblait que Mosca nous surveillait.

Elle habitait, près du golf de Saint-Cloud, dans une maison qui avait appartenu autrefois à une héroïne de la vie réelle qui m'était chère : Nina Dyer. Mannequin, courtisane de haute volée, ayant épousé successivement Sadruddin Khan et le baron Thyssen, elle avait fini là sa courte vie, dans ces lieux dont elle avait tendu les murs de soie noire et de miroirs. Elle vivait avec une panthère et, peut-être inspirée par ce félin, elle avait l'habitude de déchirer le dos de ses amants avec ses ongles. Je doute que, dans ces conditions, Rivarol eût pu continuer à résoudre ses exercices d'algèbre, lui qui se vantait de ses dons d'impassibilité au moment de l'instant le plus chaud du commerce avec les dames. Mais rien ne restait du souvenir de Nina Dyer : elle s'était suicidée, la panthère avait dû finir à la fourrière, et un aménagement très convenable avait recouvert les vestiges de cette inquiétante vie galante d'une sage toile de Jouy mais plus encore d'oubli.

La Nièce me présenta à ses grands-parents qui habitaient avenue Henri-Martin : May et Edmond, les parents du Président, délicieuses personnes âgées à la peau parcheminée, s'étiolaient dans un cérémonial suranné de vieilles manières. D'être les géniteurs d'un président de la République en exercice ne les troublait pas beaucoup. Le grand âge donne le sens du relatif. Edmond parlait le grec ancien avec autant d'aisance qu'on parle l'anglais aujourd'hui à HEC. Je voulais surtout voir la chambre de Giscard. Il y avait vécu toute son enfance jusqu'à son départ pour l'armée. Peut-être y trouverais-je un signe capable d'expliquer sa fabuleuse prospérité ? Un objet oublié, je ne sais quel jouet ou Rosebud symbolique qui traînait encore.

Cette pièce avait le dénuement austère de la chambre de Napoléon. Elle était occupée par un petit lit étroit, assez court — je me demande si les pieds du futur Président ne dépassaient pas des draps. Nous nous assîmes sur cette couche un peu dure dont l'usager avait connu un si grand destin. Les ombres de la légende nous enveloppaient. Nous étions silencieux et immobiles. De la fenêtre qui ouvrait sur une cour grise, sans charme, tombait cette lumière triste qui sied si bien à la grandeur. Aucun objet ne témoignait des distractions et des amusements de l'auguste occupant des lieux : ni collection de timbres, ni soldats de plomb, ni même un vieux porte-plume qu'il aurait mâchonné en songeant à l'avenir. Pas même un livre de Maupassant corné ou annoté. Je cherchais en vain un Meccano, un train électrique. Une idée s'imposait à moi : Giscard n'avait pas eu de jeunesse. Ce lieu n'en était pas moins imposant. Certes ce n'était pas la grotte de Bethléem, ni le cachot de la Conciergerie, mais l'Histoire en passant ici avait laissé une impression froide, lugubre, propice au recueillement.

Je regardais la Nièce. Quel contraste entre cette jeune fille désirable comme un abricot et cette atmosphère glacée de musée vide. C'était tentant de redonner un peu de vie et d'ardeur à cette chambre fossilisée par l'Histoire, de lui apporter les émois de la jeunesse et les sortilèges de l'amour. Je la pris dans mes bras. L'idée de commettre un sacrilège n'était pas absente de mes pensées. Au contraire elle donnait un étrange piquant à mon désir. Tandis que je caressais ses seins, j'imaginais Giscard en train de présider le Conseil des ministres ; il me semblait que l'orchestre de la garde républicaine qui jouait *La Marseillaise* accompagnait nos ébats. Comme cette jeune fille était belle et tendre : à travers elle, j'avais l'impression d'étreindre la légende de la République, le défilé du 14 Juillet. Tant de sensations contraires m'oppressaient. Soudain, au moment où le démon nous poussait à commettre l'irréparable, la voix de la grand-mère retentit dans le couloir. Nous nous levâmes précipitamment évitant de justesse une impardonnable profanation.

Une autre fois elle me convia dans la loge présidentielle pour y assister à je ne sais quel ballet. C'était évidemment une sensation assez forte de se retrouver dans un endroit chargé d'une telle puissance symbolique. L'idée était grisante mais la jouissance faible. Dans l'obscurité d'une loge, si prestigieuse soit-elle, quand on n'est pas fou de ballet, l'ennui vient vite. Et le snobisme n'y est d'aucun remède.

De mon côté je lui fis connaître quelques frissons de l'aventure : j'allais avec elle, rue de Birague, chez Jean-Edern Hallier, qui venait de publier *Lettre ouverte au colin froid*, terrible charge contre le septentrional président. Elle avait l'impression de côtoyer le diable. Elle ne pouvait imaginer que des êtres aussi fous, aussi peu assujettis aux normes, sortes de pirates des lettres ou de tsiganes de la plume, pussent exister. Elle se trouvait devant un écrivain à l'emporte-pièce, sorti d'un roman de Dostoïevski qui semblait bivouaquer à même le parquet Versailles de son appartement ouvert sur la place des Vosges.

Enfin je l'emmenai loin du pouvoir, de ses feux, de ses ors. En Grèce, dans l'île de Spetsai, je lui montrai la maison de Michel Déon sur le vieux port. Dix ans avaient passé depuis que j'étais allé lui rendre visite. Je conservais intacte l'émotion que j'avais ressentie ; je me souvenais de mon appréhension, des illusions que j'avais éprouvées en allant à la rencontre de l'écrivain. Je retrouvais chaque pierre, chaque maison, le restaurant sous les arcades où il m'avait invité à déjeuner. La même odeur de saumure et de poisson flottait sur le port. Les pêcheurs assis à l'ombre qui ravaudaient leurs filets semblaient ne pas avoir changé de place. Le soir, les calèches tirées par des poneys noirs faisaient toujours tinter leurs grelots ; on pouvait suivre longtemps leurs lanternes éclairées dans la nuit.

De là nous partîmes pour Náxos, puis pour l'île de Koufonissia, grain de sable des Cyclades, hérissé de maisons blanches, où ne circulent ni voitures ni motos, seulement des ânes au regard doux, au pelage usé, ployant sous la charge.

Au retour, nous échouâmes au Pirée, après une nuit passée dans la coursive d'un inconfortable paquebot. Couverts de la poussière du port, nous devions subir l'haleine torride du meltem. Je me mis en quête d'une chambre. C'était ici une denrée aussi rare qu'une cabine fraîche et aérée sur ces carcasses flottantes appelées pompeusement du nom des héros de l'indépendance grecque, comme le *Miaoulis*.

Après avoir erré, quémandé un logis dans tous les bouges, nous nous préparions, devant la menace de la nuit tombante, à dormir sur des cordages sur l'espace de radoub, dans les odeurs de rouille et de poisson pourri. En réalité les hôtels du Pirée sont exclusivement destinés aux marins en goguette : toutes les populations de matelots et d'officiers de marine qu'engendre le vaste monde font escale ici ; ils arrivent le sang allumé après des traversées de la mer Rouge ou du golfe Persique et il leur faut faire appel d'urgence à la main-d'œuvre étrangère. La tête de proxénète des hôteliers et les gémissements qui parvenaient des fenêtres ouvertes ne laissaient sur ce point la place à aucun doute.

Enfin, dans une ruelle à l'odeur nauséabonde d'huile chaude et de pipi de chat, une matrone mal réveillée qui prenait l'air sur le seuil d'un hôtel borgne nous agréa comme locataires de son gourbi. Elle maugréa un prix en drachmes digne de la suite royale de l'hôtel d'Angleterre ou du King George, les palaces de la place Syndagma. Un escalier aux marches disjointes conduisait à une pièce sombre, à demi aveugle, bourdonnante de mouches ; un soupirail aspirait la touffeur et les odeurs nauséabondes du port. Je posai les sacs. Soudain le cafard fondit sur moi. Je me sentais accablé. J'éprouvais un sentiment de désespoir comme si ma vie était sans issue et ne pouvait qu'aboutir dans ce nid à rats qui abolissait la présence de cette jeune fille, m'endeuillait à jamais du soleil, de la vision du ciel et des étoiles.

Des larmes coulaient de mes yeux. J'étais désespéré. Rien ne le justifiait. Ce sentiment de désolation était inexplicable. Mais le désespoir doit-il toujours avoir une cause ? La Nièce me regardait interloquée, gênée comme si je commettais une inconvenance. Elle n'avait sans doute jamais vu d'homme pleurer dans sa famille de mammifères à sang froid. Peut-être à cet instant prit-elle conscience que les dix-huit années qui nous séparaient ne m'avaient pas vraiment arrimé au monde des adultes et que je n'appartenais pas à cette race des forts à laquelle les jeunes filles ont tant besoin de croire.

Napoléon en larmes

Napoléon a-t-il pleuré ? C'est un point d'histoire qui reste obscur. Ces larmes, je les ai longtemps cherchées dans les ouvrages qui lui sont consacrés. J'ai interrogé les spécialistes. Je suis revenu bredouille. J'ai trouvé du désespoir, des plaintes, des sentiments mièvres, des supplications, de l'abattement, la tentation du suicide. Mais de larmes, point. Il a gardé ses yeux au sec. Les eussé-je découvertes ces larmes, l'idée de m'identifier à Napoléon ne me serait pas venue pour autant. Il faudrait être fou, toqué, brindezingue, dérangé, pour se comparer à un homme qui n'est intéressant que parce qu'il figure l'exceptionnel, l'inatteignable. Pourtant il me semble que des larmes auraient ajouté à sa biographie cette note cristalline de sensibilité sans laquelle tout homme, même un héros, n'a pas tout éprouvé dans la gamme des émotions humaines. Ainsi, le Christ a pleuré au mont des Oliviers. Achille est secoué de sanglots quand on lui arrache Briséis, sa belle captive. Il appelle même sa mère pour qu'elle vienne le consoler. Et il boude sous sa tente comme un adolescent.

Pourquoi, après tout, un héros ne pleurnicherait-il pas ? Quel drôle de conception du courage et de la virilité ! Il faut de la douceur pour être fort, de la tendresse pour que le courage soit autre chose que de la brutalité. Napoléon est tout en intelligence, en nerfs, en émotions : c'est ce qui sculpte sa personnalité de visionnaire. C'est pourquoi, s'il y a des milliers de brutes, il n'y a qu'un Napoléon.

Bonaparte perd étrangement les pédales avec Joséphine. Cette femme ni très jeune, ni très belle, ni fidèle, a le don de toucher son cœur. Est-ce l'amoureuse experte qui l'a envoûté, ou simplement est-il amoureux comme le sont les lieutenants dont il a l'âge, même s'il n'en a plus depuis longtemps le grade ?

Mais le cœur tient-il le compte des grades ? Pas plus qu'il n'a d'égard pour les situations les moins favorables à ses emportements. Il a sa logique égoïste, implacable. Et Dieu sait que Bonaparte en Italie n'a pas besoin de ces tourments supplémentaires. Il a déjà sur le dos les armées de Wurmser et d'Esterházy. Cette campagne de Lombardie est peuplée de morts, de victoires fulgurantes mais se complique de tant d'autres batailles sentimentales à l'issue indécise. Et pendant ces nuits, il arrache au sommeil le temps d'écrire des billets brûlants à Joséphine. Il l'attend, il la supplie de venir, il l'implore. Tant de gloire associée à une telle jeunesse et pourtant une peine immense, insondable. On peut trouver ridicule un homme qui souffre pour une femme. Mais c'est qu'on n'a pas souffert soi-même. On s'est privé d'une chance unique de sortir de soi-même et d'une expérience qui, loin d'être une diminution, élargit les bornes de la sensibilité. Rien ne développe mieux qu'un cœur blessé notre capacité à mesurer l'infini du monde.

Bonaparte en larmes sur ses cartes d'état-major : cette image porterait-elle atteinte à sa gloire ? Pas plus que la légende du général Boulanger n'a souffert de son suicide sur la tombe de sa maîtresse. Pourquoi les souffrance du cœur cesseraient-elles d'exister à deux pas des affûts de canon.

En Italie, Bonaparte n'est pas seulement abandonné, il est trompé. Seule la gloire lui demeure fidèle. Restée à Paris, rue Chantereine, Joséphine s'amourache d'un bellâtre, Hippolyte Charles, qui se livre avec elle à des commerces qui ne sont pas seulement charnels. Ils trafiquent avec les fournisseurs. Elle l'appelle « mon Polichinelle ».

Bonaparte met longtemps à s'apercevoir de son infortune. Ses lettres sont le récit d'un tourment qui s'exaspère : d'abord à la tête de sa pauvre armée de va-nu-pieds, de soldats aux vareuses trouées, dépourvus d'artillerie, il débouche furieusement des sources de la Bormida et du col de Cadibone ; il trouve la force de pindariser : « Adieu, adieu, je me couche sans toi, je dormirai sans toi. Je t'en prie, laisse-moi dormir. Voilà plusieurs nuits que je te sens dans mes bras. Songe heureux, mais, mais ce n'est pas toi. »

Malgré le succès de Montenotte, de Dego, de Mondovi, après avoir franchi le Pô et l'Adda, conquis le Piémont et la Lombardie, connu la fièvre victorieuse de Lodi, le désespoir le submerge : « Sans toi, sans toi, je ne puis plus être utile ici. Aime qui veut la gloire, serve qui veut la patrie, mon âme est suffoquée dans cet exil. »

Pourtant d'autres soucis ne lui manquent pas. Il doit surmonter l'échec de Caldiero. Il harcèle le Directoire de demandes de renforts. Il souffre de la mort de ses compagnons d'armes, La Harpe, Muiron, le capitaine Minerve.

Lorsqu'il entre en triomphateur à Milan, son cœur saigne encore de solitude et d'abandon : « Sans appétit, sans sommeil, sans intérêt pour l'amitié, pour la gloire, pour la patrie ; toi, toi, et le reste du monde n'existe pas plus pour moi que s'il était anéanti. Le jour où tu me diras je t'aime moins sera ou le dernier de mon amour ou le dernier de ma vie. »

Enfin elle le rejoint à Milan, flanquée de Charles. Mais elle ne lui accorde que quelques jours et repart pour une fête à Gênes. Il n'a plus la force de se plaindre : « Environnée de plaisirs et de jeux, tu aurais tort de me faire le moindre sacrifice : je n'en vaux pas la peine et le bonheur ou le malheur d'un homme que tu n'aimes pas n'a pas le droit de t'intéresser. »

Joséphine le tient par les sens, comme on disait autrefois quand une gourgandine arrachait un homme honorable à l'affection des siens et se faisait épouser. Rien de plus révélateur que ses lettres. La suggestion sensuelle y éclate à chaque page : « Mille choses tendres à toi, ma bonne petite Joséphine, et à tout ce qui t'appartient, sans oublier la petite cousine, recommande-lui d'être sage. » Cette fameuse petite cousine qu'il évoque dans d'autres lettres, l'éditeur de la correspondance prend soin de préciser dans une note de bas de page : « On aura compris qu'il ne s'agit pas d'une parente. » Bonaparte désigne ainsi ce qu'il appelle aussi, souvent, la « Forêt Noire ».

De Vérone, il lui écrit une lettre exaltée : « Vivre dans une Joséphine, c'est vivre dans l'Élysée. Baiser à la bouche, aux yeux, sur l'épaule, au sein, partout, partout. » Dans son délire jaloux, le sexe de Joséphine devient une obsession. Il conclut les lettres qu'il lui adresse par : « Un baiser au cœur, et puis plus bas, bien plus bas. » Ou encore : « Junot, Murat te présentent leurs respects. Un baiser plus bas, plus bas que le cœur. » « Que le cœur » est souligné trois fois.

En Égypte, quand il apprend de Junot le récit des trahisons de Joséphine, il est assommé par la douleur.

Il a touché le fond. Il se venge en enlevant Pauline Fourès à l'un de ses officiers.

De ce jour où il renonce à Joséphine, il tire un trait sur l'amour. Sa main n'écrira plus de ces lettres où il livrait les faiblesses et les tourments de son cœur. Les femmes pourront le trahir, il leur abandonne le terrain. Il a renoncé à ces conquêtes vaines, à ce territoire d'ombres. C'est pourquoi plus rien ne l'arrête dans son rêve. Libéré de la Femme, il ne retient pas son ardeur à élargir sans cesse l'horizon. Il s'exclame : « Dès lors, j'ai prévu ce que je pouvais devenir. Je voyais déjà le monde fuir sous moi, comme si j'étais emporté dans les airs. »

C'est comme s'il avait rompu le dernier lien qui le rattachait à des misères communes. Libéré de son cœur aucun obstacle ne s'interpose entre lui et son étoile.

À Sainte-Hélène, Antommarchi qui procède à l'autopsie du corps de l'Empereur note à propos de son anatomie virile : *sicut pueris*. Un sexe d'enfant. Certainement Hyppolyte Charles était mieux doté. Ce détail trivial, indécent, comme on en trouve dans les pièces de Shakespeare pour refroidir l'émotion, jette une lueur humaine sur la gloire. Comme si cette construction des conquêtes, ce désir convulsif, spasmodique, d'étendre son pouvoir et son être au plus profond de l'espace, de le marquer de son empreinte, n'avait été que le revers sanglant et lumineux d'une faiblesse.

Mitterrand me rappelle

Mitterrand ne se perdit pas dans la neige. Malgré la bourrasque, malgré les pannes de la Ligier, il finit vaille que vaille par atteindre Vichy. Cette victoire sur l'adversité aurait dû m'alerter : si ce diable d'homme était capable de se sortir d'une situation aussi funeste, pourquoi ne l'emporterait-il pas aussi à l'élection présidentielle ? Je reçus bientôt un appel de sa secrétaire, qui me conviait à déjeuner au restaurant Dodin-Bouffand, à deux pas de son domicile, rue de Bièvre. Il faut dire que je m'étais bien comporté : j'avais écrit pour *Le Quotidien de Paris* un récit qui valait la meilleure lettre de château. Sous le titre « Un homme libre aux portes de la légende », je ne lui lésinais pas mon admiration. Non seulement je le comparais à Victor Hugo, à Jaurès, à Blum, mais j'avais soigneusement évité le récit des pannes de la Ligier — comme s'il n'avait pas suffisamment la poisse ; je n'avais pas non plus ironisé sur les airs d'agent secret de Grossouvre. J'avais agi moins pour le flatter que parce que j'étais réellement séduit. Ce futur vaincu me plaisait.

Changement de décor, donc. Le restaurant où Mitterrand avait ses habitudes était bien différent de la table d'hôtes de l'hôtel du Vieux Morvan. Plus question d'édiles locaux et de nappes à carreaux : le premier secrétaire du PS avait haussé le niveau. Les invités avec lesquels il me conviait se recrutaient moins parmi les notables de la gauche que dans le clan de ses amis auquel il agrégeait des journalistes non hostiles. Nous n'étions pas plus de huit : les habitués étaient Robert, son frère, Roger Hanin, Jack Lang, Guy Claisse, directeur du *Matin de Paris* et deux ou trois autres convives interchangeables. Mitterrand, immanquablement, arrivait en retard. Cela faisait partie de sa légende. Il vous prenait le poignet pour lire l'heure à votre montre. Tout de suite, bien qu'il eût des manières pleines de bonhomie, le pouvoir de fascination qu'il exerçait s'imposait. D'où lui venait cette autorité naturelle ? J'observais ce phénomène sans pouvoir en trouver l'explication. Pourtant il n'employait aucun truc, aucun artifice : il se montrait au contraire d'une simplicité désarmante. On ne décelait chez lui aucune trace d'affectation. Il ne pontifiait pas. Il évitait soigneusement les pièges de la vanité et de l'autosatisfaction dans lesquels tombent si souvent les hommes publics. De toute sa personne, il semblait dire : « J'ai toujours été le chef, c'est ainsi, ne m'en veuillez pas. » On ne lui en voulait d'ailleurs pas du tout tant il en avait le port, la sagesse, la distance, et même la pointe d'humour qui consiste à savoir ironiser sur ses erreurs et sur ses échecs.

Un jour qu'il venait de buter sur François Ceyrac, le président du CNPF qui déjeunait à la table voisine, et qu'il avait feint de ne pas reconnaître, il confiait sa gêne. Il nous prenait à témoin à voix basse, un peu retourné comme s'il avait croisé le diable en personne. « J'ai peut-être eu tort ? Qu'en pensez-vous ? Peut-être aurais-je dû le saluer, non ? Même s'il ne doit pas me porter dans son cœur. Maintenant, évidemment, c'est un peu tard. »

Face à la présence impressionnante du grand patronat, les convives baissaient le ton. Ils chuchotaient. Je trouvais que la petite bande avec ses airs de conspiration faisait figure d'un groupe de lycéens fomentant un monôme à quelques mètres du proviseur.

Mitterrand aimait ce genre de déjeuner. À quoi lui servaient-ils ? Strictement à rien. Du moins si on se place du point de vue de l'utilité positive. Mais ce temps perdu consacré à l'amitié lui était aussi nécessaire que de respirer. Il n'y venait pas pour y recevoir un surcroît d'éloges ou des caresses courtisanes. Il en avait un lot suffisant au PS. Non, ici, Mitterrand baissait la garde ; il se laissait aller à bavarder sans crainte, dans un climat libre, détendu, bon enfant, pour le plaisir. Les conversations qui se déroulaient au cours de ces déjeuners qui précédèrent l'élection présidentielle roulaient rarement sur ce qu'il ferait au pouvoir. Aucune n'était de nature à bouleverser l'historiographie officielle. Mais, à l'époque, ce qu'il disait avait un parfum d'inédit. Il racontait ses évasions du stalag, son séjour à Londres et sa première prise de bec avec les gaullistes qui avaient voulu lui faire signer un engagement à la personne du chef de la France libre ; son entrevue orageuse à Alger avec de Gaulle à la villa les Glycines : le général voulait qu'il soumette son organisation de prisonniers à celle de son neveu, Michel Caillau. Mitterrand l'avait pris de haut. De Gaulle de plus haut encore. En sortant de l'entretien, un de ses amis l'avait prévenu qu'il allait recevoir un ordre d'affectation dans un régiment particulièrement exposé de l'armée d'Italie. Autant dire qu'on l'envoyait à une mort certaine. Il avait trouvé une place dans un Lysander et avait regagné la France. Mitterrand à cet instant laissait planer un silence lourd de sous-entendus. De Gaulle avait-il voulu réellement le supprimer ? Il ne lui déplaisait pas de le laisser entendre.

Robert Mitterrand s'indignait qu'avec de tels états de service dans la Résistance, on continuât à mettre en doute son engagement et la sincérité de son adhésion : « Il faudrait faire écrire un livre sur ce sujet pour qu'enfin la vérité soit dite. »

Mitterrand, placide, hochait la tête : « Je sais ce que j'ai fait. C'est ce qui m'importe. Le reste n'a pas d'importance. »

Je demeurais pensif. Je croyais à la sincérité de Mitterrand. Il avait risqué sa vie alors que d'autres n'avaient pas bougé. Mais né sous le signe de la contradiction, de l'ambiguïté, du déchirement, il ne s'était jamais engagé à fond parce qu'il voulait rester libre. Il considérait le manichéisme et l'esprit de parti comme des infirmités de l'intelligence. En face de De Gaulle, tout d'un bloc de certitude, il faisait figure de personnage barrésien à la recherche de lui-même, d'expériences, d'émotions. Il avait joué un grand rôle, joui de tout mais un destin malin l'empêchait de profiter pleinement de ses actions les plus nobles, les plus courageuses, qui restaient toujours troubles et entachées de duplicité.

L'atmosphère de ces déjeuners était si bon enfant, si irréelle, qu'on se prenait à douter qu'un succès pût advenir. Tout cela semblait si loin. C'était comme un jeu à être président auquel on jouait sans y croire.

Parfois les convives dérapaient. Ils étaient tellement habitués à ce rôle d'enfants admiratifs qu'ils essayaient de se faire remarquer par un peu de turbulence. Mitterrand d'une patte ferme les ramenait dans le droit chemin. Que de projets fumeux, d'idées irréalisables, naissaient dans cette chaude ambiance. Comme c'était délicieux de proposer n'importe quoi, avec la quiétude de ne jamais être rabroué — ni par Mitterrand ni par un avenir aux contours éternellement platoniques. Chacun y allait de sa suggestion, de son délire, de l'idée qui lui passait par la tête. Un jour, Guy Claisse, d'ordinaire discret et placide, prenant soudain son rôle de conseiller au sérieux, se mit à houspiller le candidat et à lui dicter sa conduite. Ce n'était qu'injonctions, objurgations, des « Vous ne devriez pas faire ceci... Il faudrait que vous fassiez cela. » Mitterrand l'observait sans ciller. La bonhomie avait disparu. Son œil brillait d'une lueur féroce comme celui d'un fauve qui voit un prédateur se risquer sur son territoire.

D'un ton acerbe, il l'interrompit : « Vous avez raison. C'est très simple. Allez-y donc pour voir ! »

Cela jeta un froid. Il était rare de voir Mitterrand rompre avec son habituelle mansuétude.

Moi-même pour ne pas être en reste j'y allais de mes propositions. Je ne sais plus très bien quelle réforme je suggérais. Cela me paraissait très important à l'époque. Le pire c'est que je ne m'en souviens plus. En réalité je ne bâtissais l'avenir que pour me mettre à l'unisson de l'espérance et des rêves. Comme j'étais certain que rien de tout cela ne se réaliserait — et pour cause —, je préférais de beaucoup écouter.

Lorsqu'on entra dans la période agitée de la campagne présidentielle, les déjeuners cessèrent, ou ils devinrent alors suffisamment sérieux pour que ma présence n'y fût plus jugée indispensable.

Contre toute attente, Mitterrand fut élu. Cela m'attrista un peu : je sentis que rien ne serait pareil. Et là je ne me trompais pas dans mon pronostic.

Deux ans plus tard, je fus convié à un déjeuner à l'Élysée. On montait encore d'un cran dans le décorum. Nous étions dix appartenant au clan des saltimbanques : Hélène Cixous, tête de huppe naturalisée, François-Marie Banier, page vieillissant qui jouait les historiographes, l'acteur et metteur en scène Jérôme Savary, et trois autres personnes appartenant à ces professions incertaines de l'art et de la littérature.

Mitterrand n'avait pas changé, bonhomme, affable, il adressait à chacun un mot aimable, se préoccupait de faire remplir nos verres de jus de tomate. Il semblait avoir à cœur de rester simple et de montrer que le pouvoir ne l'avait pas, comme tant d'autres, rendu pompeux. Nous passâmes dans la salle à manger chromée, décorée par les Pompidou dans le plus pur style polystyrène compensé et tubulures étincelantes. Des chaises peu confortables et une table en verre, anachroniques sous les lambris, laissaient une impression de bric-à-brac ornemental.

L'atmosphère du déjeuner, en dépit de l'amabilité du Président restait froide, compassée. On sentait que chacun faisait des efforts pour trouver un sujet de conversation. On passait d'un thème à l'autre, sans conviction. L'ennui avec des personnalités si diverses, c'est qu'on ne pouvait trouver aucun terrain commun. Chacun voulait briller, plaire au Président, et ce désir tuait toute spontanéité, tout agrément : on se serait cru au milieu d'une classe de bons élèves invités chez le directeur du lycée.

Mitterrand devait sentir que son déjeuner était raté, qu'il suait l'ennui, le formalisme, non par sa faute, le malheureux faisait de son mieux pour l'égayer et il possédait une inépuisable provision d'anecdotes. Mais elles aussi tombaient à plat. Ni les lieux ni les convives n'étaient propices à la réjouissance. Les invités se regardaient d'un air aigre comme des rivaux, chacun se demandant ce qui avait bien pu justifier l'invitation de son voisin, chacun soupçonnant l'autre d'intrigue, de courtisanerie.

Banier pointait sur moi l'œil agacé du chouchou du professeur qui voit celui-ci s'engouer d'un nouveau venu. Il me regardait d'un air dépourvu de franchise et de sympathie ; quant à Hélène Cixous elle semblait souffrir dans son amour-propre : avoir été conviée dans cette fournée qui la mêlait à des écrivains du second rayon, d'arrière-garde et, qui plus est, lisibles, humiliait son génie exigeant.

La conversation était cahotante. Il était aussi difficile d'en retirer des morceaux savoureux que d'extraire la chair de la carapace des homards que nous avions dans notre assiette. Mitterrand se livrait à son exercice favori qui consistait à dérouter ses interlocuteurs. Il prenait un malin plaisir à surprendre.

Cixous fixait la scène de son regard hautain. Banier écrivait sans relever la tête, les coudes sur la table, comme un écolier qui fait ses devoirs dans la salle à manger. Sans la moindre vergogne, il notait dans un carnet les propos qui s'échangeaient. Parfois on se demandait si notre bruit ne le dérangeait pas trop. Le Président ne semblait pas s'offusquer de ce comportement : Banier n'était-il pas dans son personnage de vieil enfant terrible ?

J'avais beau être impressionné par le lieu — pas tellement par le décor — et par le Président, je trouvais nos anciens déjeuners beaucoup plus sympathiques et amusants. D'où venait cette impression d'ennui, de componction ? Quelque chose était mort. La fantaisie, la gaieté, la bonne humeur ne fréquentaient pas les palais nationaux.

Mitterrand posa à ses invités une de ces questions pièges qu'il affectionnait :

— Que pensez-vous du *Figaro Magazine* ?

C'était l'époque où le journal d'Hersant tirait sur lui

à boulets rouges. Chacun donna dans le panneau : « torchon infâme », « presse ignoble », Mitterrand écoutait les critiques méprisantes d'un air intéressé. Puis il dodelina de la tête.

— Moi je trouve que c'est un journal bien fait, dit-il, plutôt agréable à lire, un peu polémique bien sûr, j'en sais quelque chose. Mais c'est quand même moins ennuyeux que le *Nouvel Obs*. Vous ne trouvez pas ?

Les convives déconcertés plongeaient le nez dans leur assiette. Mitterrand avait une lueur guillerette dans le regard. Il semblait content d'être là où personne ne l'attendait. Imprévisible, indéchiffrable. Libre.

Vers la fin du déjeuner, le nom de Malraux fut jeté en pâture. Tout le monde y alla de son coup de dent. Et cette fois sans crainte. L'aversion du Président pour l'écrivain était notoire. Le Président savourait cette mise en pièces. Il conclut :

— Ses livres sont un peu du toc, comme le personnage. Ça a vieilli. Je ne crois pas que les jeunes le lisent.

Je me récriai. Dans une ambiance glaciale, devant un auditoire consterné et méprisant, je m'efforcai tant bien que mal de défendre Malraux. Mitterrand m'observait avec amusement comme on regarde les efforts désespérés d'un insecte pour escalader un bocal.

On passa au salon. Mitterrand relança la conversation sur Malraux. Il lui injecta encore quelques piqûres de curare.

Soudain la tête d'oiseau d'Hélène Cixous s'agita. D'un ton péremptoire, elle laissa tomber son verdict :

— Le problème avec Malraux, c'est qu'il n'était pas très intelligent.

Je ne réagis pas. Il me semblait qu'il était impossible qu'on pût proférer impunément un propos aussi injuste, aussi faux. Quelque chose allait se passer : le lustre tomber en miettes sur le tapis ; la pendule exploser sur la cheminée ; la bergère Louis XVI se cabrer ; le maître d'hôtel renverser la cafetière en argent. Mais il ne se produisait rien. Mitterrand savourait comme un potentat cet excès de zèle d'un de ses courtisans. Il était trop fin pour partager l'opinion d'Hélène Cixous, mais il trouvait de l'agrément à ce que, autour de lui, on repeignît désormais le monde avec les couleurs qui lui plaisaient. Oui, cela le chatouillait agréablement. Qu'est-ce que la vérité après tout ? On lui avait tant de fois imposé une vérité qui n'était pas la sienne. Maintenant sa vérité régnait, c'était ce qui lui importait. Il avait attendu si longtemps ce moment.

Quand je me retrouvai dans la cour de l'Élysée, me tordant les chevilles sur les pavés disjoints, je continuai à suffoquer d'indignation. Comment Mitterrand avait-il pu changer à ce point, lui autrefois si libre dans ses propos ? Comment pouvait-il supporter cette atmosphère de mensonges ? Je fis le serment de ne plus jamais revenir. Le lendemain déjà je me calmai. Ma résolution de ne plus retourner à l'Élysée se dissipa. L'ennui, c'est que ce fut Mitterrand qui ne m'y convia plus. Je le revis deux ou trois fois, de loin, dans des inaugurations. Il me fit un sourire, un signe. Je me sentis triste et dépité comme une jeune fille qu'on a séduite et qu'on n'invite plus à danser.

Rupture dans la neige

Et ce fut la neige encore, la neige grise et inhospitalière de janvier que glace une bise aigre. J'étais chez Flore, à Val-d'Isère. L'appartement dans une pauvre clarté ouvrait sur la brume. Assis sur un canapé, nous écoutions la musique de la comédie musicale d'Evita. Cette mélopée, les vagues de tristesse qu'elle ramenait vers nous, s'accordait à notre situation morale. Ou alors était-ce une de ces correspondances qui relient entre eux par des fils invisibles les lieux et les sentiments ? Cette immense toile entre l'univers et nous, je ne tente pas de l'élucider, mais seulement de prêter l'oreille à ses messages. Comme j'aurais aimé psychanalyser cette neige funeste de Val-d'Isère comme Bachelard a tenté de percer l'énigme de l'eau et du feu.

Malcolm de Chazal dont je devais retrouver le souvenir à l'île Maurice où il a vécu cette vie odorante et animée de poète païen, désigne dans le corps des correspondances parfumées : « Toutes les épices entrent dans l'odeur du corps humain. Ainsi les cheveux ont du girofle en pléthore ; aux aisselles, le gingembre abonde ; l'haleine a de la menthe en abondance ; le cou sent la cannelle à plein nez ; et le poivre grouille aux régions intimes. » Pourquoi ces correspondances ne se retrouveraient-elles pas entre nos sentiments et les phénomènes météorologiques. La pluie, le soleil, la brume, ont peut-être plus d'influence sur notre comportement amoureux que nous ne l'imaginons. Quel sens avait cette neige ?

Il me semble que la nature a toujours émis des messages. Le soleil, la lune, les étoiles ne cessent d'agir sur nous. Et le vent ! Ce vent qui soulève le sable du désert, des oasis du Hoggar, et les dépose sur les arbousiers du maquis corse n'a-t-il pas assaisonné les tomates que Bonaparte mangeait, mêlées aux oignons qu'il affectionnait ? De là, de ce sable parfumé qui crisse sous la dent, lui est peut-être venu son désir d'Égypte et d'Orient ? N'a-t-il pas été pollinisé lui aussi comme une vulgaire pâquerette ?

L'invisible, ses sarabandes, ses fêtes, ses débauches, ses orgies, ses rumeurs profondes, ses tragédies, la fabuleuse orchestration qui s'y déroule sans qu'on y prête attention, quelle conscience nous reste-il de l'immensité de tout cela ? Un instrument d'observation inapproprié, un organe atrophié fossile d'une fonction perdue : l'amour. Lui seul nous fait pressentir l'invisible. Et la poésie ! Mais c'est encore l'amour qui la suscite, l'éclaire, module son chant et fait frémir ses incantations lumineusement obscures.

Chaque étape initiatique de notre existence, par des liens secrets, est en relation avec un amour qui épanouit ses virtualités. Parfois quand l'inanité d'écrire sur ma vie me ravage, je ne reprends confiance qu'en m'agrippant à la certitude que ce que je cherche ne réside en moi que par réfraction ; et la seule chose qui m'importe est ce qui jette mon destin dans de vastes espaces, bien au-delà de moi-même.

Trois années avaient passé depuis ce réveillon où j'avais croisé Flore. Cette rencontre m'avait placé dans une position qui avait le caractère d'une parenthèse. Elle appartenait à un monde irréel puisque aucun des maux de ce monde ne l'atteignait, sauf la maladie et la mort. Un univers trop parfait n'est pas fait pour l'homme qui veut toujours se prouver quelque chose en modifiant le cadre de son existence. Surtout un homme, qui, chaque jour, doit rendre des comptes à son angoisse. Le temps passait avec une lenteur inexorable : il semblait enfermer Flore et sa famille si sage dans une perpétuité du bonheur. Celui-ci paraissait, grâce à je ne sais quelle prérogative, épargner les visages du vieillissement et les cœurs de la lassitude. Rien ne changeait : les comportements, les émotions, les conversations semblaient avoir été gravés à jamais.

D'où venait mon insatisfaction sinon de mon inaptitude au bonheur ? Il me fallait des drames, des souffrances, un théâtre d'émotions, des trahisons, qui ne pouvaient nullement se développer sur ce terreau-là. Flore, insatisfaite comme on l'est lorsqu'on choisit le chemin de la perfection, avait trouvé en moi un dérivatif à sa passion d'aider les autres : j'étais son cas social et spirituel qu'elle imaginait pouvoir, sans se dissimuler les difficultés, ramener dans le droit chemin, celui du bonheur normal, à côté duquel je zigzaguais bizarrement.

Il y a des êtres qui trouvent dans le dévouement (sa forme amoureuse en l'occurrence) une foi dans la vie, un élargissement de ses limites, car l'amour est sans fin. Mais l'acceptation stoïque par Flore des souffrances que je lui infligeais, me contraignait à les augmenter pour qu'enfin je prisse conscience des bornes que je ne pouvais franchir. Sa faiblesse qui était une des formes de sa bonté l'obligeait, en dépit de ses résolutions, à toujours remettre les sanctions à plus tard. Elle me trouvait des excuses. Et ne finissait-elle pas par aimer ses souffrances

— comme j'avais aimé les miennes autrefois — car elles lui apportaient ces sentiments exacerbés, ces à-coups d'adrénaline, qui font du cœur un puissant et irremplaçable metteur en scène d'émotions. Aimer c'est souffrir mais aussi c'est vivre. Et Flore vivait avec ces fauves dont elle n'avait jamais connu les morsures : la jalousie, l'angoisse, l'attente, l'espérance. Mon passé m'obligeait à lui faire subir ce que j'avais subi. Mais plus je la voyais me ressembler dans la souffrance, plus j'avais envie de la fuir comme le pire souvenir de moi-même.

Maintenant devant la neige grise de Val-d'Isère l'heure de l'exécution avait sonné. J'étais condamné. Ne l'avais-je pas cherché ? Peut-être aurais-je pu lui arracher un sursis ? J'aurais pu lui jurer que j'allais m'amender. J'avais encore la ressource de lui mentir. Ce mensonge, sans doute l'attendait-elle pour pouvoir me pardonner une nouvelle fois. J'avais été trop loin dans la trahison. Non de son point de vue, mais du mien. À son contact, devenu un peu protestant, je ne voulais plus mentir, je voulais payer mes fautes. Devant moi il y avait ce gouffre où j'allais plonger : la vie sans la protection de son amour, sans ce matelas de confort où je pouvais reposer mon angoisse. Savais-je alors combien j'allais souffrir ? Non, trop de tentations et d'illusions me le dissimulaient.

Pourtant lorsque je refermai la porte de l'appartement, je demeurai un instant immobile sur le palier, hésitant à revenir. Cette porte qui se fermait me condamnait à errer. L'air d'Evita, assourdi, me retenait encore. J'avais du mal à rompre avec cette musique qui se confondait avec la mélodie triste de mon cœur déchiré. Puis le démon de l'aventure, qui est aussi celui de l'erreur, me jeta dans un taxi. Puis dans le train. Puis dans une autre vie.

DEUXIÈME PARTIE

SOUS LE SOLEIL

Le samsara de l'amour

Bien des années plus tard, au cours d'une croisière sur l'Amazone à bord d'un vieux rafiot, j'assistai à une scène étrange. Après avoir quitté Manaus et sa banlieue lépreuse, le bateau longeait la rive à nouveau lourde de grands végétaux, d'arbres immenses entremêlés ; seuls le fleuve et ses eaux boueuses semblaient capables de s'ouvrir un passage dans la masse dense et majestueuse de la forêt au cœur de laquelle nous devions passer la nuit. Un *lodge*, un campement de baraques en planches sur pilotis, nous attendait. Il semblait suspendu dans la nuit aussi frêle et fragile que les lampes à pétrole dont la faible clarté était impuissante à trouer l'empire de l'obscurité. De là, sur des pirogues, à travers le lacis des eaux dormantes, à l'écoute des grands murmures de la forêt amazonienne sonore de cris et de feulements, nous irions observer les crocodiles immobiles. Rien ne les distingue des amas de branches à demi immergées, seul les trahit un œil qui rougeoie soudain comme une braise incandescente dans le faisceau des lampes torches.

Sur le pont supérieur aux tôles surchauffées par un soleil noyé dans la brume de chaleur, baignant dans une atmosphère poisseuse, j'observais ce fleuve qui défie les normes sages de la géographie européenne : il est large et vaste comme une mer et j'en distinguais à peine la rive opposée. Mes yeux erraient sur ces trois infinis uniformes qui composent le paysage amazonien : il y a l'eau, le ciel, la forêt, et puis rien. Mais c'était cette eau boueuse, dynamique, parcourue de courants comme autant de muscles qui me parlait : elle charriait dans ses ondes troubles un monde détruit et aidait à recréer un monde vivant : tout y exprimait la mort, le pourrissement et la renaissance. Des bois flottants mêlés à des brassées de feuilles enlaçant de languides orchidées dérivaient comme, sur le Gange, les débris consumés de cadavres fleuris. Une vaste industrie de transformation semblait s'animer sous la surface opaque. Par le fleuve, la forêt semblait se délivrer d'elle-même, de son abondance asphyxiante.

Soudain la rive sembla s'éloigner puis disparaître ; le bateau trembla, pris dans les tourbillons. Nous étions à la confluence du río Negro. Notre eau boueuse, teintée de limon clair, fut assaillie par une vague obscure, couleur de charbon. Une lutte acharnée commença entre ces eaux distinctes pour conquérir la suprématie du fleuve : le río Negro, chargé de tchernoziom, saturé par les bois brûlés des forêts incendiées à l'ère tertiaire, montrait une agressivité bestiale. L'Amazone tremblait sous l'assaut, opposant à l'agresseur sa force d'inertie. Qui allait gagner ? De ces deux géants, qui dompterait l'autre ? Peu à peu les eaux du río Negro se disloquèrent, se morcelèrent en noirs courants veineux qui semblaient poursuivre seuls un combat désormais perdu.

À cet instant, surgirent les dauphins roses, attirés par le brassage des eaux mêlées, point de rencontre des migrations poissonneuses. Ils virevoltaient dans le courant, pénétrant dans le sillage du bateau, exhibant leur dos couleur de chair humaine, semblant vêtus de cette peau fragile et rosée qui est celle des organes du sexe et de la séduction : le carmin satiné de la peau des cuisses, de l'organe viril, cette peau envoûtante, proche des muqueuses reproductrices, qui semble un ultime appel au désir. Les dauphins plongeant dans l'eau sombre suggéraient un ballet sexuel, une orgie en plein jour, impudique, une haletante copulation symbolique. Personne ne l'avouait, ni les membres de l'équipage ni les quelques touristes, mais tous observaient ce jeu, oppressés comme s'ils ne pouvaient s'arracher à une fascination obscène.

Mes yeux se détachèrent de ce spectacle attirés par une scène qui me troubla plus encore : je voyais l'habitacle où se trouvait le capitaine, un quinquagénaire au physique marqué d'Indien, le nez camard, les pommettes saillantes, qui maniait nonchalamment la barre. Je distinguais sa nuque ; son visage se reflétait dans un large miroir faisant office de rétroviseur. Près de lui se tenait une jeune fille, Indienne elle aussi ; elle ne devait pas avoir beaucoup plus de seize ou de dix-sept ans ; elle le fixait avec intensité, une intensité fébrile, comme seul le désir la suscite. Que faisait la main libre du capitaine ? Quelle volupté procurait-il ainsi à sa jeune compagne dont les sens avaient été éveillés par les dauphins roses ? Peut-être sa main que j'imaginais n'avait-elle aucun rôle. La force de suggestion de la nuit à venir, des plaisirs qu'elle allait leur donner, suffisait-elle à peindre sur leurs visages ce sentiment d'hébétude ? Se reflétant sur le miroir encadrant les deux visages, je distinguai la forme d'une jeune femme allongée sur le pont inférieur. Je me retournai : une jeune Irlandaise prenait le soleil ; un minuscule bikini ne dissimulait presque rien d'un corps menu, gracile et rose, de la teinte, exactement la même, si gracieuse et impudique de la chair des dauphins. Cette vision m'enflamma à mon tour. D'où était partie l'étincelle de ce désir ? Cette jeune fille à laquelle je n'avais pas accordé d'attention pendant la croisière, s'enrichissait de tous les désirs accumulés en dehors d'elle. Elle vit mon regard. Je compris qu'elle aussi avait observé la scène et deviné le manège amoureux qui se tramait dans la cabine de pilotage. Ce désir qui nous traversait tous ainsi, électrisant l'air, j'eus du mal à le rompre. Il m'obséda le soir, dans les lumières dansantes qui miroitaient tandis que nous parcourions en pirogue les bras morts du fleuve, aussi brûlant que l'œil de braise des crocodiles qui s'allumait dans le faisceau des lampes torches.

Et la nuit, allongé sur un hamac, séparé par une mince cloison de planches de la jeune Irlandaise que j'entendais s'agiter sur son lit de camp, dans la respiration étouffante de la forêt, ce point rouge du désir m'agita longtemps. Il finit par chasser mon sommeil. Soudain il fit resurgir le passé.

Pourquoi songeais-je, à cet instant, à une époque de ma vie depuis longtemps évanouie ? Le désir réveillait le souvenir de Flore, des déchirements d'alors. Cette rupture avait ouvert une fissure. Nous portons nos ruptures comme des cicatrices. Nous oublions, mais le cœur, lui, n'oublie rien. Nos égarements s'y inscrivent, nos fautes s'y gravent, nos souffrances s'y impriment. De quelle autre forêt, plus ténébreuse et plus entremêlée que celle où je me trouvais, recevais-je ce message obscur, décalé, émis avec tant de retard ? À quelle fin ? C'est ce que je tentais de comprendre sous la moustiquaire, sans pouvoir me soustraire à l'obsession du désir, à ce point rouge qui semblait incrusté comme un rubis dans la nuit tropicale.

En me séparant de Flore, je croyais aller vers l'avenir. Lui seul donne la force de s'arracher au passé. Un nouvel amour s'emparait de moi. À travers une autre, je voulais moi aussi être un autre : changer de peau, de vie, de plaisir, d'amis. J'étais las de moi-même. Prêt à suivre qui m'entraînerait dans un autre monde. Je voulais naître à une nouvelle vie mais je ne me résignais pas à mourir dans l'ancienne. C'était mourir de rompre avec Flore, mourir dans la souffrance, dans les affres d'une agonie. Ce n'était pas seulement elle que je devais tuer mais la part vivante de moi-même qui s'était constituée autour d'elle.

C'est pourquoi rompre est le plus cruel des enjeux. Une nouvelle de Tolstoï en illustre les ravages : « Le Démon », que Malraux affectionnait et qu'il avait conseillé à Gide, mais celui-ci avouait n'en pas comprendre le sens. Le récit montre un homme en proie à deux amours qui se partagent son cœur où ils luttent comme les deux fleuves dont je venais d'observer le combat. En l'occurrence le tendre sentiment conjugal s'oppose à la passion sensuelle pour une paysanne. Un vieux drame qui se résout presque toujours dans les larmes, la nostalgie. Mais, dans ce récit, l'homme est faible : il ne trouve pas en lui la force nécessaire pour rompre. Il aime sa femme, il est attaché à sa jeune maîtresse qu'il a connue avant sa femme, et ce dilemme le ronge. De toute façon — le voudrait-il — il ne pourrait épouser la paysanne. Il n'y songe même pas. Aussi les deux sentiments abandonnés à eux-mêmes se retournent-ils contre lui. Ils le harcèlent sans pitié. Il balance sans pouvoir prendre de décision. Sa vie est devenue un enfer. Il veut concilier l'inconciliable. Ce que veut son cœur, la vie elle ne l'accepte pas. Faute de pouvoir sacrifier l'un de ses deux amours, il finit par se suicider.

J'étais pareil à ce héros pathétique de Tolstoï. Le

matin, je vivais dans l'espoir d'une existence nouvelle ; le soir, je me désolais de nostalgie. J'avais beau me raisonner, faire le compte de ce qui avantageait l'une par rapport à l'autre, ce calcul ne tombait jamais juste : il s'y introduisait une image poignante, un vertige d'abandon. Je ne savais plus si j'étais la victime ou le bourreau de Flore, mais seulement qu'elle m'aimait aujourd'hui et que demain je devrais m'effacer comme une image morte. Pourquoi fallait-il que quelque chose d'aussi fervent, chaud, intense, doive disparaître à jamais ? Que resterait-il de nous, de ces instants habités par notre présence ? Des lieux vides, froids, dans une atmosphère de sépulcre. Que de tombes on laisse ainsi derrière soi ! Et les souvenirs n'ont même pas la douce consistance de la poussière. Ils sont aussi impalpables et inexistants que les rêves. Ce qui a été et ce qui aurait pu être, ces deux versants de la vie laissent la même impression navrante d'irréalité. Avais-je vécu ou avais-je rêvé ?

Et pourtant je savais que la rupture l'emporterait puisque, à travers elle, je réaliserais le destin qui m'était imposé. Mais quand atteindrai-je la paix ? Là où il n'y a plus ni souffrance, ni brûlure, ni attente. L'amour qui ne finit pas. Quelle place tenait le samsara de mon cœur dans le vaste samsara des réincarnations ? À l'image du grand fleuve, tout n'était que transformation. Né de la pluie, chargé de boue, de feuillages et de fleurs, il retournerait à la pluie après avoir étreint combien de rives, s'être mêlé à combien d'autres fleuves sans cesser d'être lui-même.

La femme de marbre

La première fois que je la rencontrai au vernissage d'une exposition de Magritte, je fis tout pour attirer son attention. Elle ne m'adressa pas un regard. Son intérêt la portait là où, précisément, je n'étais pas. Est-ce cette froideur qui m'intrigua ? Quand je lui adressai la parole, elle ne m'écouta qu'autant que la politesse l'exigeait. Elle arborait l'air résigné que les victimes de la mondanité réservent aux fâcheux, aux raseurs. Elle était aussi insensible à l'enthousiasme que je lui manifestais que peut l'être une statue en marbre de Páros. Quand je lui demandai son numéro de téléphone, elle me toisa avec une expression offensée. Eût-elle exprimé plus d'urbanité qu'elle aurait moins piqué ma curiosité. Une indifférence courtoise m'eût découragé avec plus d'efficacité. Sa froideur m'aguichait. Qu'avais-je fait pour la mériter ? Je n'eus pas le loisir de lui en demander l'explication car elle disparut.

Le lendemain je lui fis porter des fleurs à son hôtel, le Bristol. Je ne reçus aucune réponse. Je n'en fus pas étonné. J'allai me poster à la porte de son hôtel. Je l'attendis sur le trottoir de la rue du Faubourg-Saint-Honoré. Enfin je la vis apparaître : dans les reflets de la porte à tambour, elle me parut plus grande, plus élancée, plus altière. Un soleil printanier l'éclairait. Elle sembla hésiter sur sa direction. Cette incertitude l'humanisa. Je m'approchai d'elle. Quand elle m'aperçut, elle eut un mouvement de recul : je lus dans son regard cette lueur de blâme que l'on réserve aux extravagances d'un fou.

— Encore vous, soupira-t-elle.

Notre conversation fut aussi cordiale qu'un échange de coups de pistolet entre deux duellistes, le matin, à l'aube.

— Pourquoi ne me laissez-vous pas le temps de m'expliquer ?

— Je n'ai aucune envie d'entendre vos explications.

— Pourquoi ne pas accepter le dialogue ? Avez-vous peur de votre propre faiblesse ?

Je vis passer une flamme assassine dans ses yeux. Je l'avais piquée au vif.

— Vous n'êtes pas de nature à m'en inspirer.

— Pourquoi cette brutalité ? Pourquoi toujours imaginer le pire ? Que faites-vous de l'amitié ?

— Me croyez-vous à ce point naïve ? Avec vous, je sais très bien à quel type d'homme j'ai affaire.

— C'est un procès d'intention.

— Prenez-le comme vous voudrez. Mais laissez-moi, vous perdez votre temps. Je suis pressée.

— Puis-je vous déposer quelque part ?

— Non, c'est inutile, je reste dans ce quartier.

— Avez-vous l'intention de déjeuner ?

— Oui, mais pas avec vous !

— Je vous propose un pacte. Vous déjeunez avec moi et je vous promets de ne plus tenter de vous revoir.

Elle me regarda d'un air dubitatif.

— Puis-je accorder le moindre crédit à quelqu'un qui se comporte comme vous ?

— Je vous donne ma parole d'honneur.

Je la sentis vaciller.

— Votre parole d'honneur, répéta-t-elle en haussant les épaules, je ne me fais aucune illusion sur vous. Mais je suis lasse de votre insistance. Je vous accorde vingt minutes.

Un restaurant nous tendait les bras à l'angle de la rue du Cirque. Je l'y conduisis. Pendant le déjeuner, elle resta fidèle à elle-même : sur la défensive, hautaine, éludant toute question personnelle, et ne m'offrant que l'armure d'une personnalité bouclée dans les conventions et le dédain. Pourtant quelque effort qu'elle fît pour être désagréable, elle ne parvenait pas à me déplaire. Je sentais en elle, derrière la barrière de glace qu'elle m'opposait, un tumulte de contradictions qui n'était pas sans charme. Au moins elle ne ressemblait à personne.

Le café bu, elle se leva et, sans se départir de son air farouche, elle prit congé :

— Maintenant que j'ai eu la faiblesse d'accepter votre déjeuner, j'espère que vous allez tenir votre promesse. Adieu.

Elle disparut laissant derrière elle un sillage glacé comme un blizzard.

Je tins parole. Pendant dix jours. Puis je l'appelai au téléphone dans sa propriété non loin d'Oxford.

— Et votre promesse, s'exclama-t-elle. En plus vous êtes parjure !

Le ton de sa voix n'exprimait qu'un courroux formel. Ce qui était un progrès. Et puis n'avais-je pas évité le pire : elle n'avait pas raccroché.

— J'ai promis de ne plus vous voir, pas de ne pas vous téléphoner.

— Vous êtes bien français, dit-elle en ciselant ce qualificatif pour marquer un insondable mépris.

Maintenant que l'habitude de ses amabilités était prise, je prenais un certain plaisir à la voir décocher ses flèches. Peut-être même m'auraient-elles manqué ?

— Quand venez-vous à Paris ?

— Que vous importe puisque vous m'avez juré de ne pas chercher à me revoir.

— Je sais que vous serez après-demain à un dîner chez les X.

— Vous ne me donnez pas envie de m'y rendre.

Quand elle raccrocha, je conservai un instant le combiné muet à la main. Pourquoi insister ? Oui, pourquoi ? Il y a des rencontres qui, comme celle-ci, ne commencent pas précisément par des encouragements. Si elle avait ressenti un coup de foudre pour moi, elle le dissimulait bien. Mais pourquoi n'avoir en tête que cet horrible mot de réciprocité. La réciprocité en amour est un calcul bourgeois : pas d'investissement du capital sans un rendement substantiel. Cette femme avait beau me rabrouer, elle me plaisait. Elle m'attirait pour une raison que je ne cherchais pas à m'expliquer. Mais après tout exige-t-on de Dieu qu'Il vous donne des preuves de réciprocité. Et puis parfois, en amour, on a l'impression sans savoir pourquoi, qu'en dépit des obstacles le destin a déjà gravé notre avenir.

Et cette histoire aussi était probablement déjà écrite dans un mystérieux livre qu'hélas je n'avais pas lu. Comme ce serait plus simple de pouvoir consulter le livre des destinées avant d'inviter une femme à dîner. On éviterait tant d'impairs, de temps perdu, de malentendus, mais on passerait aussi à côté de la vie.

Elle vint à Paris. Je me trouvai au même dîner qu'elle. Elle m'accueillit avec son habituelle mansuétude.

— Vous n'êtes qu'un parjure.

Après le dîner, elle tenta de s'éclipser mais je la rejoignis dans l'escalier. L'immeuble donnait sur le jardin du Luxembourg. Il y avait dans l'air je ne sais quel parfum de printemps. Nous fîmes quelques pas en silence. Un silence reposant et doux comme une paix. Elle avait une voiture. Je lui demandai de me raccompagner. Elle accepta en poussant un soupir.

Elle gara sa voiture en bas de chez moi. Elle semblait avoir épuisé ses ressources d'agressivité. Je tentai alors de l'embrasser. Elle ne me repoussa pas. Au contraire, elle répondit à mon désir avec tant de fougue que j'en fus presque déconcerté. Je ne m'y attendais pas. Elle non plus sans doute.

Dès lors, elle bascula, comme une statue bascule de son socle. Nous nous retrouvâmes chez moi. Et ce fut comme si, de toutes ses forces, elle tenait à démentir l'indifférence qu'elle m'avait manifestée. Nous nous aimâmes dans une ambiance de champ de bataille, sur un lit de parjure et d'armes abandonnées. Déshabillée de son agressivité et de son mépris, elle demeurait menaçante comme une tempête apaisée. Ses refus donnaient un prix mystérieux à son abandon. Je l'admirais comme une belle énigme. Avais-je vraiment une femme devant moi ou l'incarnation d'un phénomène météorologique : son corps magnifique était celui d'une femme, mais les ressorts de son âme paraissaient aussi inaccessibles que les déchaînements imprévisibles d'un typhon, d'une tornade. Loin de me sentir maître de la situation, il me semblait que je n'avais été que l'exécutant d'un jeu qui me dépassait.

C'est ainsi que Diana entra dans ma vie au moment où Flore allait en sortir. Un nouvel amour s'emparait de moi. J'allais vers l'avenir sans pouvoir m'arracher au passé. Je vivais deux existences contraires. Simultanément je regrettais et j'espérais.

L'île des trahisons

Je contemple l'île d'Elbe qui se distingue entre les îlots de Caprera et de Montecristo. Aujourd'hui, le sirocco a soufflé son vent saharien, une haleine torride incrustée de sables du désert. Il apporte un engourdissement, une langueur que les Espagnols appellent *el moro*, le « Maure » : ce n'est pas seulement un malaise qui vous paralyse mais un sentiment qui inspire l'à quoi bon, la vanité de toute chose. On a envie de s'enfouir la tête dans un burnous et de fumer le narghilé en attendant que la vie passe. La mer se recouvre d'un halo de brume fauve. L'île apparaît chaque jour de manière différente. Aujourd'hui, c'est à peine si on devine ses contours. Mais quand le mistral souffle, escorté de ses petits nuages blancs qui galopent vers l'horizon, l'île resplendit, elle semble très proche, presque à portée de main. J'ai formé le projet de m'y rendre. Mais que d'obstacles pour atteindre cet îlot mythique ! N'est-ce pas un avertissement secret du destin : les légendes ne doivent jamais se visiter, sinon en rêve. Aussi je ne l'approche qu'à ma manière : j'accumule de la documentation, des cartes, et je m'y promène comme chez moi, simplement en fermant les yeux. Je sens son odeur qui n'est pas différente de celle du cap Corse d'où je l'observe, ce parfum du maquis où le soleil distille tant d'essences mêlées, cistes, arbousiers, marjolaine, lavande sauvage, thym.

C'est vers Napoléon qu'il faut revenir pour aérer sa vie. Grâce à lui, on en mesure l'étroitesse. Goethe le considère avec raison comme le seul critère dans l'ordre de l'action. Tout est moteur chez lui, combustion, accélération. Il est moins une volonté qu'une énergie qui s'applique partout où on lui en offre la possibilité. Il est prêt à apporter tout aussi bien des modifications urbanistiques à la place Saint-Marc qu'à modifier, à Moscou, devant la cheminée, le statut de la Comédie-Française ou à établir la régie minière de l'île d'Elbe. Son destin l'eût-il conduit en Turquie, il eût déployé la même ardeur réformatrice pour la Porte et le Divan ; et s'il avait atteint le Gange, il aurait certainement eu à cœur de modifier son système d'irrigation. Ce qu'il demande à la pensée c'est seulement de servir de canevas à l'action. Ce n'est pas un homme d'idées. Il rêve ou il agit.

Dans l'ordre du destin, il est à l'exact opposé de Léopold Robert, ce peintre qui s'est suicidé à Venise, et que j'ai évoqué dans un autre livre. Léopold est une force inemployée qui se consume et se détruit dans les vapeurs délétères de la vie d'artiste ; un beau gâchis d'existence entre deux songes douloureux devenus des tortures, l'amour, le beau. Napoléon, lui, ne gâche rien : chaque seconde, chaque instant est vécu, projeté vers une utilisation future pour parvenir au maximum de l'être.

Bien sûr Napoléon le positif est de peu de ressource pour nous donner des réponses et des éclairages sur les fins dernières. Rien ne l'arrête, mais il est borné par la vie, par le monde. L'au-delà excède son ambition ; il voit mal quelle réforme ou quelle conquête il pourrait y entreprendre. Seul un esprit aussi biscornu que celui de Malraux peut lui reprocher son absence d'attrait pour le spirituel. Malraux est un systématique : il lui faut de grands principes d'explication. De sa jeunesse jusqu'à la guerre, il a cru aux idéologies. Puis il s'est entiché d'Art. Enfin de spirituel. C'est le même itinéraire que celui de Drieu qui, au moment où il rejoignait Doriot, ne s'intéressait plus en réalité qu'à la *Bhagavad-Gita* et au *Livre des morts tibétain*. Pour la NRF, Malraux avait conçu une sorte de biographie de Napoléon à partir de textes écrits sur lui. Il a renoncé au projet. L'esquisse demeure comme un monument abandonné.

Il existe un curieux dialogue sur Napoléon entre de Gaulle et Malraux dans *Les Chênes qu'on abat*. La scène se déroule à la Boisserie face à un paysage de neige, devant le feu qui brûle dans la cheminée. C'est après la grande tempête du pouvoir. De Gaulle comme un convalescent qui a éprouvé de fortes fièvres, se ménage. Il n'a droit qu'à des conversations sur des sujets fanés. Aucune allusion à la politique contemporaine : pas question de faire remonter la température ou de risquer le coup de sang. Malraux pose les questions mais c'est de Gaulle qui mène le débat. Quand le vieux général le met sur le sujet de Napoléon, lui demande ce qu'il en pense, Malraux qui craint par-dessus tout les banalités, cherche la formule qui claque : « Un très grand esprit, une petite âme. Il semble qu'il n'a jamais été en face de l'interrogation métaphysique. »

De Gaulle lui répond magnifiquement : « Pour l'âme il n'a pas eu le temps... Et puis chez les personnages historiques, le pouvoir de création légendaire prend la place de l'âme. »

Dans ce dialogue de la Boisserie, Malraux est souvent inférieur à de Gaulle. Je me suis demandé pourquoi.

Peut-être parce que Malraux à propos de Napoléon cherche à développer des idées générales alors que de Gaulle l'observe et l'analyse comme un phénomène unique, sans exemple : comme le plus important personnage historique des temps modernes qui a prolongé son action dans le rêve et la légende. C'est d'ailleurs le paradoxe : Napoléon, homme positif, qui n'aime que les faits, lègue son œuvre aux rêveurs. Les seuls à en comprendre l'enjeu. De Gaulle le comprend et s'incline devant sa grandeur : « Il affirme que la France vaut mieux que ce qu'elle croit ; et nous, qu'avons-nous fait d'autre ?... Les victoires sont moins importantes qu'on ne le croit. Pourquoi Turenne est-il plus respecté que Condé ? Maurice de Saxe qui n'a pas perdu un seul combat n'égale point Napoléon. Les victoires qui ne sont que des victoires ne mènent pas loin. Il faut qu'autre chose entre en jeu : peut-être la nation future, l'avenir du monde, la signification confuse et symbolique de ceux qui font l'Histoire... La France lui est reconnaissante, sans bien le savoir, de ce qu'il a fait des Français. La France ne l'a pas oublié quoi qu'elle pense. En 1940, il disait aux Français, avec moi, qu'ils n'étaient pas ce qu'ils semblaient être. »

Cet appel au secours que les ambitieux de tout poil lancent si souvent à Napoléon ne tient pas à ses succès, ni à sa puissance. Il ne leur viendrait pas à l'idée d'appeler en renfort Charlemagne ou Louis XIV. Des monarques de droit divin. Napoléon est un patrimoine d'humiliations et de misères communes avant de devenir un capital de gloire sans exemple. Ceux qui font appel à lui veulent sortir de la prison de la médiocrité. Julien Sorel relit le *Mémorial* pour échapper au désespoir que lui inspire son statut de précepteur provincial ; Raskolnikov lui demande d'élargir le ciel bas de sa misère. Si l'un et l'autre finissent mal, c'est qu'ils ont voulu brusquer les choses. Ils n'ont pas eu la patience d'attendre et de ménager des transitions. Aussi leur destin passe-t-il sans ménagement du rêve à l'échafaud.

Napoléon exploite à plein l'existence. Est-ce à dire qu'il ne croit qu'en la vie ? Ce n'est pourtant pas un matérialiste primaire. Il suppose derrière la toile du visible un monde caché, une force occulte. Mais le rôle qui lui est échu sur cette terre n'est pas de le déchiffrer. Sa mission est d'étreindre le monde. Il le sait. Rien n'est plus fort que cette certitude. C'est la croyance en son étoile, cette étoile qu'il voit à la Malmaison avant de partir pour l'Italie et qu'il cherchera en vain plus tard, avant son départ pour l'île d'Elbe.

L'île d'Elbe, peu peuplée, est pour lui infestée de fantômes. Où qu'il aille à cheval, de son galop nerveux et impatient, de Porto Ferrajo à San Martino, Napoléon les rencontre. Il les voit partout au bout de la longue-vue avec laquelle il regarde son île natale, sur les rochers, dans ses résidences. Du matin au réveil, jusqu'au soir où il trompe son ennui en jouant au whist ou à la canasta, ils sont devant lui. Ces visages qui pullulent, ce sont ceux de la trahison. S'il récitait les noms, ce serait une interminable litanie. Elle est longue la liste de ceux qui soudain ont voulu l'oublier, le nier : ses maréchaux, Marmont qu'il a fait duc de Raguse, Soult, duc de Dalmatie, Ney, duc d'Elchingen, Mortier, duc de Trévise, Macdonald, duc de Tarente, Berthier, prince de Neuchâtel, Clarke, duc de Feltre : il les a élevés aux plus grandes dignités, couverts d'or et de titres, et ce sont eux qui ont été les premiers à faire défection. Ils lui ont arraché l'acte d'abdication. Il les a congédiés : « Vous voulez du repos, ayez-en donc ; vous ne savez pas combien de chagrins et de dangers vous attendent dans vos lits de duvet. » Et ils s'en sont allés faire leur cour à Louis XVIII ; ce sont eux qui, à cheval, escortent son carrosse sous les lazzis de la foule. Il ne s'attarde pas sur les traîtres professionnels, comme Talleyrand ou Fouché. Ce sont peut-être ceux-là qui le déçoivent le moins : il s'y attendait. Mais des maréchaux d'Empire ou des proches comme Joseph qui profite de son absence pour tenter de séduire Marie-Louise, ou Hortense, sa belle-fille qu'il adorait et qui a ouvert au tsar la porte de la Malmaison pour obtenir le maintien de ses avantages. Fontanes, le maître de l'Université, si obséquieux. Même les domestiques, Constant et Roustan qui ont accepté de révéler et de décrire par le menu à Marie-Louise ses passades féminines. Même Pontécoulant ! La liste s'allonge, elle prend des proportions effrayantes, c'est toute la France qui l'a renié. Cela il ne peut le comprendre. Quelle ivresse y a-t-il à se jeter dans l'abaissement ?

De cette époque affreuse où le monde et les hommes l'ont soudain abandonné, il ne garde que deux images qui le réconfortent : ses grognards en larmes, à qui il n'a rien offert et qui lui ont tout sacrifié. Si, il leur a donné des rêves, l'orgueil d'exister, le souvenir d'une grande passion.

Et le visage de Marie Walewska. La Polonaise, elle, est venue à Fontainebleau croisant tous ceux qui en partaient. Elle a longtemps attendu l'Empereur mais celui-ci, pris dans la tourmente des affaires, a fini par l'oublier. Elle s'en est allée. Il lui a écrit. Et maintenant elle revient : elle lui rend visite à l'île d'Elbe.

Au début du mois de septembre, elle débarque de nuit, en secret, à la lumière des torches, accompagnée de son frère, de sa sœur et de son enfant, Alexandre. Napoléon vient l'accueillir. Âgée d'à peine vingt-huit ans, elle est toujours belle. Après une longue expédition dans la montagne, ils atteignent l'ermitage de la Madona où la tente impériale est dressée. Un souper les attend. Alors que le vent se lève et que la pluie tombe, il la rejoint dans sa chambre. Que se disent-ils ?

Le lendemain, ils se promènent dans un bois de châtaigniers. Napoléon craint soudain que Marie-Louise ne soit mise au courant de cette visite et en prenne prétexte pour ne pas venir le rejoindre. Il décide de renvoyer Marie. Elle part le lendemain, déçue, humiliée. Elle embarque à Porto Longone tandis que la tempête fait rage. Napoléon qui soudain la regrette ou s'inquiète des intempéries, ou les deux à la fois, parcourt trente-quatre kilomètres à cheval, à bride abattue, pour l'empêcher de partir. Trop tard. Quand il arrive, trempé, à Porto Longone, le brick vient de lever l'ancre. Il le voit disparaître dans la nuit. Marie n'a plus que trois ans à vivre.

Je suis un cabinet Mazarin

— Voulez-vous diriger les *Nouvelles littéraires* ?

Jamais proposition aussi alléchante ne m'a été faite d'un air aussi maussade. L'homme qui venait de me poser cette question épiait ma réaction. Comme un pyromane, il se délectait en secret d'avoir incendié mon imagination. Il prit un air faussement modeste :

— Je comprendrais très bien que vous refusiez : c'est un vieux journal à bout de souffle. Les journalistes y sont fatigués et beaucoup sont médiocres.

Et il se mit, selon un processus mental qui lui était habituel, à me dénigrer le cadeau qu'il se proposait de me faire.

— Oui, répondis-je d'une voix blanche d'émotion contenue, j'adorerais.

En général il est de bon ton de répondre : « Je vais réfléchir. » Que m'importaient les précautions oratoires. Mon exclamation parut le surprendre.

— Ah bon ! me dit-il d'un air dépité.

Peut-être me trouvait-il trop facilement gagné. Eût-il souhaité que je fusse plus difficile à conquérir. Il eût aimé des obstacles, une résistance à vaincre, des péripéties. Mais là, je me livrai à lui sans pudeur.

Après que nous fûmes convenus d'un rendez-vous,

nous nous retrouvâmes pour déjeuner dans une brasserie de la place de la République afin de mettre sur pied ce fabuleux projet. Tout se passa comme dans un rêve. (J'ignorais alors à quel point cette image était juste.) Il s'enchanta de mes idées, se félicita de mon acceptation et me gratifia d'une confidence :

— Vous savez, en vous faisant cette offre, je n'étais pas tout à fait certain que vous étiez l'homme de la situation. Il me restait une petite incertitude. Eh bien, désormais, elle s'est dissipée : je suis convaincu que vous, vous seul, pouvez occuper ce poste.

Et, me fixant dans l'azur de ses yeux bleus d'un air particulièrement mutin et enjôleur, il me dit :

— Vous me pardonnez ma franchise ?

Je fondis devant ce témoignage d'une sincérité aussi rare. Dans mon for intérieur, je scellai un pacte unilatéral : je me jurai de rester fidèle à un tel homme. Le plus étrange, c'est que quelque avanie qu'il ait pu me faire subir, j'ai tenu parole. Je quittai ce déjeuner idyllique avec non seulement le sentiment d'aller irrésistiblement vers le bonheur mais aussi d'avoir rendu heureux celui à qui je le devais. J'en oubliai même de lui demander une promesse écrite, un contrat, toute chose terre à terre qui ne me semblait pas de mise dans ce climat de confiance passionnée ; une prudence un peu déplacée après de tels assauts de délicatesse.

Dès lors je vécus pendant deux mois sur un petit nuage. Je m'y embarquai avec ma fièvre, mes projets, mon enthousiasme, mes châteaux en Espagne.

Une semaine avant d'entrer en fonction, je crus opportun d'appeler mon bienfaiteur. Sa secrétaire me répondit qu'il recevait un visiteur et qu'il me rappellerait aussitôt après. La journée passa, puis celle du lendemain, sans aucune nouvelle de lui. Cela ne me parut pas anormal de la part d'un homme aussi occupé. Je n'étais nullement inquiet mais, après un délai de décence, je le rappelai. La secrétaire me dit que justement elle tentait de me joindre : m'était-il possible de rester chez moi, mon bienfaiteur allait me téléphoner au plus tard dans la demi-heure. De longues heures passèrent sans que la sonnerie retentît. Une inquiétude glacée me saisit. Avais-je pu être abusé par un malentendu ? Toujours sans nouvelles, je tentai un nouvel appel. On me répondit de même. Subitement dégrisé, je lui écrivis une lettre dans laquelle, usant du même ton que lui, je le mettais à l'aise : je comprenais d'avance qu'il eût pu changer d'avis, mais je lui demandais d'avoir seulement la courtoisie de m'en informer. Je ne reçus aucune réponse.

Un mois passa. J'appris que Jean-François Kahn avait été nommé à ce poste. Je compris alors que j'avais été la dupe d'un délicieux marchand d'illusions.

Une année plus tard, qui me fut fructueuse car je la consacrai à méditer sur les us et coutumes si aléatoires de ce monde du journalisme, le téléphone sonna. La secrétaire de mon ex-futur bienfaiteur me conviait à un rendez-vous dont elle ne me dissimulait pas l'importance. Mon premier mouvement fut, je l'avoue, de l'envoyer balader, elle, son marchand d'illusions et leur clique. Mais la curiosité fut la plus forte. Je voulus en avoir le cœur net quoi qu'il en coûtât à mon amour-propre malmené.

C'est ainsi que je me retrouvai à nouveau avenue de la République. Il m'accueillit avec un désarmant sourire. Tout de suite il me fit entrer dans son théâtre. Même Jules Berry ne tenait pas la comparaison en face de lui.

— Ne dites rien, ne prononcez pas un mot. Je sais à quel point j'ai été infect avec vous, ignoble, infâme. Si vous saviez ce que j'ai pu souffrir. Vous ne pouvez imaginer les remords qui m'ont torturé, qui me torturent encore. Il n'y a pas de mot pour désigner un homme tel que moi. Mais puis-je encore vous faire un aveu, quel que soit le légitime dégoût, le mépris même, que je dois vous inspirer ? Jamais avec quiconque je ne me serais autorisé une telle conduite. Avec vous c'est différent, vous êtes à part, vous êtes un écrivain. Je n'aurais jamais agi ainsi si je n'avais pas été certain que cela vous servirait à enrichir le personnage d'un de vos romans.

C'est vrai : seul un romancier abonné au platonisme pouvait, devant une telle impudence dans l'effronterie et un raisonnement aussi spécieux, ne pas lui mettre son poing dans la figure.

Comment opposer le sérieux à un tel joueur, la réalité à un comédien aussi doué ? Je passai l'éponge. Toute honte bue, j'acceptai de travailler avec lui.

Sept années plus tard, il me convoqua à nouveau dans son bureau. Seuls les locaux avaient changé. Il se trouvait dans un immeuble moderne, à Neuilly.

— Vous connaissez bien l'atmosphère des grandes familles bourgeoises, comme celle à laquelle vous appartenez. Parfois on y connaît des difficultés financières. Il faut songer à restreindre son train de vie. On loue une maison plus petite à l'île de Ré, on supprime les vacances à la neige. Mais cela ne suffit pas. Les huissiers, les créanciers sont insatiables, la faillite menace. Alors, après avoir épuisé tous les expédients, avec tristesse on regarde dans le salon les meubles de famille dont on pourrait se séparer. C'est un crève-cœur, vous l'imaginez bien. Ces meubles, on y tient comme à une part de son histoire, ils font partie de la famille. C'est la mort dans l'âme qu'on porte ses yeux vers les chaises Restauration, le buffet Napoléon III, la table marquetée. Mais voudrait-on les vendre, on n'en retirerait pas la somme suffisante. Alors on se tourne vers le cabinet Mazarin, la richesse et l'orgueil de la famille, ce meuble dont on aimait la grâce, la beauté, qu'on plaçait au-dessus de tout...

J'avais l'habitude de ces longues digressions et de ces apologues avec lesquels il tentait d'enrober les décisions les plus concrètes, mais là, vraiment, je ne voyais pas où il voulait en venir. Soudain il s'exclama :

— Eh bien, ce cabinet Mazarin... c'est vous.

— Moi !

— Oui, vous !

Et baissant d'un ton, avec un débit très rapide comme s'il lui répugnait de prononcer des mots désagréables, vulgaires, et voulait en finir au plus vite :

— Vous me coûtez trop cher. Les affaires sont mauvaises. La situation catastrophique. Alors je vous propose deux solutions : ou bien je diminue votre salaire de moitié...

— Je pense que c'est certainement l'autre solution...

Il s'indigna.

— Non ne dites pas cela. Vous me torturez. Vous êtes impitoyable. Je ne veux pas porter la responsabilité, que dis-je, l'infamie de vous avoir mis...

— ... à la porte.

— Non, ne prononcez pas ce mot abominable. Vous me condamnez à rester dans l'histoire comme un de ces personnages abjects, odieux, qui ont gravement offensé les écrivains et que la littérature voue aux gémonies, le procureur Pinard avec Flaubert, le général Aupick avec Baudelaire...

Quand je me retrouvai à la rue (au propre comme au figuré), je me dis qu'entre ces deux scènes de théâtre, un peu cuisantes pour l'amour-propre, grâce à ce génial bonimenteur j'avais vécu sept ans de bonheur. Dans le journalisme, dans la vie, c'est beaucoup. Comme pour les histoires d'amour, souvent mal commencées et qui se terminent encore plus mal, mais dont on garde le souvenir des beaux moments connus à l'intérieur d'une fiévreuse parenthèse, je n'ai retenu que ce bonheur. Et j'en étais reconnaissant à Philippe Tesson.

Le prince dont le royaume était un journal

Pour un observateur extérieur, *Le Quotidien de Paris* pouvait ressembler à un journal. Il en avait les caractéristiques et le cérémonial : il possédait des bureaux, des journalistes ; on y tenait des conférences de rédaction. Et il produisait chaque jour, vaille que vaille, sur de vieilles rotatives, ces grandes feuilles in-quarto non brochées où s'étalaient en petits caractères des informations, des éditoriaux et pas mal d'états d'âme. Tout ce qui constitue ce qu'il est convenu d'appeler un journal. Vu de l'intérieur, c'était tout autre chose. Le *Quotidien* ressemblait plutôt à une secte, à une de ces sociétés de pensée aux fins indéfinissables, à un sas psychologique où l'on se livre à des exercices mentaux et à des expérimentations spirituelles. Les journalistes en y entrant n'étaient pas animés par les motivations qui les poussent d'ordinaire à faire carrière dans les journaux : ni l'ambition, ni le goût du pouvoir, ni l'appât du gain ne pouvaient les attirer ici. Ils y venaient plutôt pour se soigner d'un mal d'être, trouver un sens à leur vie, se livrer à une psychothérapie de groupe : sortes d'objecteurs de conscience insoumis à la conscription de l'ordre adulte, ils voulaient prolonger le monde de l'adolescence.

La pratique spirituelle quotidienne consistait à écrire des articles. On n'y prononçait pas de vœux comme dans les monastères, on n'y jurait pas fidélité au gourou comme au prieuré de Gurdjieff, mais ceux qui sont passés par cette épreuve en portaient la marque à jamais : comme les défroqués, les espions, les convertis, les divorcés, les psychanalysés, les anciens de la Légion étrangère. Ils ne sortaient pas indemnes d'une expérience qui n'était professionnelle qu'en surface et qui modifiait en profondeur leur perception de la vie. Cela les rendait souvent inaptes à retrouver les chemins prosaïques des journaux normaux ou développait chez eux un sentiment de frustration propre aux demi-soldes : après les transes et la passion, ils avaient du mal à contracter des mariages de raison. Ils devenaient à leur manière une génération perdue, mélancolique au sens que lui donne Gide de « ferveur retombée »

À la tête de cette secte, de ce phalanstère, de cette communauté, de cette arche de Noé, de cet asile de nuit, brillait un jeune prince. Philippe Tesson régnait par la magie de son ambivalence. Prenant à chaque être un peu de sa lumière, de ses aspirations secrètes, il les redistribuait dans un projet plus vaste. Il coordonnait les angoisses, orchestrait les pulsions, stimulait les ressorts subtils enfouis dans les replis de l'âme. Ressentant tout à la fois, brassant les émotions les plus contraires, il donnait à chacun l'illusion d'entendre enfin le poème de sa vie. Le propre d'un directeur de journal est d'être toujours critiqué et remis en cause, cible de la variation des humeurs vagabondes. Si critiquable qu'il pût être, personne n'imaginait qu'un autre que lui pût tenir la barre de ce bateau ivre. Il en était à la fois l'existence et l'essence. Pour mener à bien cette aventure, on lui accordait cette légitimité détenue par Moïse et par le capitaine

Achab à la tête du *Pequod*. Aucune idée de mutinerie ou de conjuration n'a jamais germé dans la tête de ses collaborateurs. À l'évidence, nul autre ne pouvait mener à bien une aventure dont il était le seul à connaître le but, à détenir les cartes, les instruments de navigation, à savoir s'il conduisait vers le Pérou ou vers les Enfers.

Philippe Tesson n'est pas complètement visible à l'œil nu. Cet être multiple, changeant, polymorphe, varie selon l'angle de vue ; de près, de loin, en clignant de l'œil, dans l'instant, dans le souvenir, on distingue à chaque fois des images différentes de l'homme. Lui-même, comme tous les séducteurs, se transforme avec chaque interlocuteur. Personne ne se fatigue autant pour entrer dans la logique de son visiteur et lui communiquer le sentiment de l'empathie. Il serait capable d'agir ainsi avec son pire ennemi et de lui donner raison contre lui-même. Céder le terrain pour dérouter, puis désarmer l'adversaire est une stratégie, un piège délicieux où il enferme ses contradicteurs. Pourtant ce ne sont ni l'absence de personnalité, ni la lâcheté, encore moins le conformisme qui le font agir ainsi. Simplement il y a en lui un acteur qui joue sans cesse, qui aspire de toutes ses forces à faire de chaque instant une scène, de chaque vie un rôle, de chaque conversation un dialogue. La réalité que l'on consomme tous les jours l'ennuie ; le prosaïsme le fait bâiller. Aussi les met-il sans cesse en scène pour leur donner du relief, du mouvement, du style. Quand est-il lui-même, y a-t-il des jours où il baisse le masque ? Connaît-il de ces instants où, dégrimé, il cesse ce jeu avec les autres ? Peut-être lorsqu'il est devant son piano dans cette solitude qu'il fuit comme une damnation mais qu'il recherche dans l'espoir d'une paix qui le lasserait vite. Alors il se laisse emporter dans les vagues profondes de la musique, qui seule, par-delà les mots, les postures et les masques, est capable d'infuser en lui son ténébreux message océanique.

Je l'ai vu chaque matin plein de feu et d'espoir rêver un journal qu'il détruisait le soir à coups de sarcasmes. Il était épris de son esquisse et se dégoûtait de sa réalisation. Il passait ainsi de l'enthousiasme à l'abattement. Ce rythme lui convenait. Il était la diastole et la systole de son organisation mentale. D'espoir en déception, de désir en dégoût, jetant dans la balance sa vie, son enthousiasme, son argent, il avait besoin de cet exutoire psychologique pour exalter ses émotions. D'autres se consacrent passionnément à des œuvres de longue haleine, lui semblait comme les phalènes, condamné à naître et à mourir dans l'espace d'un jour.

Jamais homme dans son horloge biologique comme dans son organisation psychologique n'a été aussi bien constitué pour être journaliste, qui plus est dans son avatar quotidien. Ses qualités lui servaient, mais aussi ses défauts. Son infidélité le préservait de l'esprit de clan et de la tyrannie des amitiés ; il brûlait ce qu'il avait adoré ; lucide dans le caprice, avisé dans le favoritisme, prévoyant dans la dilapidation, aucun a priori ne le limitait, aucun dogme ne l'emprisonnait. Les scrupules ne l'encombraient pas plus que les serments. Inféodé seulement à son bon plaisir comme un prince capricieux, versatile, lunatique, s'entichant de l'un un jour, l'abandonnant le lendemain, jouant de même avec les convictions, les idées, les paradoxes, il pouvait faire penser à Alcibiade. Il trahissait sans cesse pour accroître à l'infini le domaine de sa liberté, une liberté idéale, pure de toute compromission, aussi éthérée et hors du monde qu'une aspiration mystique.

Il réfrénait en lui un talent de polémiste. Avec quel art du baiser qui tue il enveloppait sa proie comme un python et à force d'étreintes implacables lui infligeait une mort lente, cruelle et parfumée.

Près de lui, si fort que fût son charme, sa façon d'enchanter la vie, son caractère artificieux pouvaient donner l'impression qu'il n'était qu'un égoïste, un cynique, habile à toutes les manipulations psychologiques, qui se jouait des êtres pour assouvir une satisfaction perverse. Mais dès qu'on prenait du recul, ce qu'on retenait de cet esprit versatile, c'était sa cohérence ; on mesurait combien cette âme légère était profonde ; ce perfide le plus fidèle des amis. Sous les paillettes et les sortilèges se dessinaient d'étranges lignes de force. Il fallait l'observer à distance comme un tableau de Seurat : ses facettes et ses contradictions appartenaient à son style comme le pointillisme. Le recul rendait justice à la précision de son dessin et à la puissante originalité de sa vision. À la fin des fins, ce qu'on retenait de lui, c'était sa lumière.

Il avait beau réunir tant de qualités et de talents autour de lui, diffuser un esprit vif, faire un journal que les âmes errantes de Blondin, de Nimier, de Marcel Aymé semblaient avoir conçu pour leur plaisir, il n'a pu assurer sa durée. Mais n'obéissait-il pas à son génie en tuant ainsi ce qu'il aimait ? Dans sa quête de perfection, tel Igitur, il préférait l'échec à la routine, le suicide à une réussite de compromis. Peut-être, comme ces choses rares et belles nées de la poésie et du caprice, un tel journal ne se concevait-il pas pour une longue installation. Il était dans sa destinée de mourir en pleine jeunesse. *Le Quotidien de Paris* n'avait existé dans sa courbe météorique étincelante, fulgurante, non pas tant pour atteindre un but réel mais simplement pour qu'on se souvienne de lui.

Tesson s'était entouré d'une cohorte de chevaliers hétéroclites au parcours atypique, qu'apparemment tout séparait et dont il avait fait des rédacteurs en chef ou des éditorialistes. Ils formaient le premier cercle autour de lui. Parfois en les observant le matin rassemblés dans la clarté du demi-jour, j'avais l'impression d'avoir devant moi des personnages tels qu'on en voit dans les tableaux de Frans Hals ou de Holbein. Aucune banalité n'affadissait leurs traits ; leur caractère apparaissait à fleur de peau. Tesson savourait avec gourmandise leur diversité comme un chirurgien contemple la variété de ses instruments étalés avant une opération ou comme un chef d'orchestre se réjouit du nombre de ses instrumentistes : il savait qu'il pouvait employer chacun selon son humeur ; l'un pour tailler dans le vif ; un autre pour des incisions en profondeur ; un autre encore pour recoudre les morceaux. Parfois il les lançait simultanément dans le désordre. Ainsi il obtenait toutes les gammes qu'il souhaitait. Car un journaliste peut varier dans ses opinions, son tempérament vibre toujours de la même manière. Et le but qu'il se fixait en choisissant la grosse caisse de la charge ou la flûte de la modération, c'était d'exploiter les ressources de l'échelle des notes et de faire vibrer toutes les cordes de la sensibilité.

Dominique Jamet incarnait le journaliste hyperthyroïdien ; tendu, transpirant, le col déboutonné, quelques taches sur sa chemise marquaient sa gloutonnerie à table comme les taches d'encre sur ses mains sa graphomanie ; sans affabilité ni courtoisie, d'un humour sarcastique, essayant de donner le change avec des airs de politesse cérémonieuse, développant des arguments comme une mécanique plaquée sur du vivant, il semblait ivre de rationalité, autosatisfait de ses raisonnements plus impeccables que justes. L'esprit de géométrie avait chez lui définitivement tordu le cou à l'esprit de finesse. Chaud à l'extérieur, en nage, froid et cynique à l'intérieur, c'était le polémiste cuit à l'unilatéral. Sa plume qu'il imaginait libre car elle abattait comme une mitrailleuse lourde, sans distinction d'âge ou de sexe, tout ce qui se trouvait sur son passage, était en réalité l'esclave du pire des tyrans : un cœur jaloux, rancunier. Son encre inépuisable n'était que la bile que déversait son amertume intarissable. Elle ne devint suave que pour être servile lorsqu'il s'enrôla au service de Mitterrand qui récompensa son zèle par une prébende en le nommant à la direction de la Bibliothèque nationale.

Il ne manque pas de talent, si on appelle talent l'habileté mercenaire à écrire facilement et brillamment sur n'importe quoi. Son bureau dont il ne pouvait plus ouvrir la porte tant il était encombré de vieux journaux empilés donnait une image déprimante de ses travaux pharaoniques. À ceci près que les temples étaient habités par un dieu alors que ce sanctuaire de papiers défraîchis construit par Jamet n'a abrité ni une grande idée, ni un principe de noblesse : il est vide. Désespérément vide. Ce polygraphe n'aura connu d'enthousiasme que celui que lui inspirait la fureur, pensant que le monde était horrible, peuplé à l'infini d'hommes comme lui, oui infesté de Jamet, comme un immense miroir qui lui renvoyait son image. Cela excuse un peu sa rage à vouloir le détruire.

Aussi policé et disert que Jamet était abrupt et mutique, anglomane jusqu'au bout de ses Weston, Stéphane Denis donnait des articles dans le style tweed. On sentait qu'il avait baigné socialement, culturellement, politiquement dans l'univers choisi et confortable de Morand. Le monde qu'il connaissait n'était pas assombri par les fins de mois difficiles, le ticket de métro et la promiscuité des HLM. D'où cet air d'éternel club-man prêt à partir pour la chasse, son Purdey dans le coffre de sa vieille Jaguar verte. Il écrivait des articles intelligents, brillants, croustillants comme des pancakes, marqués par une ostentation de dilettantisme : il semblait les avoir médités dans un fauteuil, au coin du feu, en sirotant un whisky pur malt et en caressant son labrador. Il donnait l'impression que le journalisme était une activité hygiénique et amusante comme la chasse au renard, le tennis ou la marche. C'est bon pour la santé, on s'y fait des amis, on y cueille quelques bons mots. Ce qu'il racontait était-il toujours vrai ? Le romancier qu'il allait devenir abusait parfois le journaliste. Il mythifiait la comédie parlementaire et les grands acteurs qui la peuplent. Curieux de son temps, de ses modes, de ses bouleversements sociaux, de ses séismes, il observait ces phénomènes avec la longue lunette qu'il avait gardée de Sciences-Po, avec cet intérêt scientifique que l'on réserve à un monde ethnologiquement étranger mais que son imagination haussait au point de transfigurer les politiciens de la IVe et de la Ve République en personnages dignes de Saint-Simon.

Paul Guilbert s'en revenait de la Chambre des députés où il avait côtoyé les fauves de la politique la gibecière pleine d'anecdotes, d'histoires, de notations psychologiques. Mêlant les secrets d'État et les potins, il en faisait revivre les figures majeures de sa belle voix de tribun. Il promenait dans la fumée des assemblées et des congrès sa grande carcasse et sa chevure léonine, humant les intrigues, surprenant les confidences. Diplomate-né, il aimait renouer les fils des amitiés rompues, établir des contacts, résoudre les conflits, simplifier les situations embrouillées et il prenait un temps infini à rendre des services à des gens qu'il connaissait à peine comme si l'ange Gabriel lui-même l'eût investi de cette mission à la demande du Père éternel. Rendre un service était pour lui un devoir sacré. Il n'avait de cesse d'y être parvenu. Désintéressé, n'ayant d'autre souci que le bonheur de ses amis, il paraissait traverser la vie comme une fête, n'en voyant que l'amusant, le cocasse ou l'humain. Juger de manière péremptoire ne l'intéressait pas : il se plaisait à comprendre un caractère, à expliquer les origines d'un comportement, d'un vice, d'une opinion, à les disséquer. Comme Kessel dont il avait été le secrétaire et l'ami, il regardait le monde en spectateur passionné, certain que chacun y avait son rôle à jouer. Grand confesseur et médecin des âmes, il écoutait les peines de cœur de ses amis et les trouvait toujours si passionnantes qu'il avait du mal à les garder pour lui. Il en faisait profiter les autres pour leur édification sans pouvoir imaginer que l'on pût en faire mauvais usage. Au fond, tout ce qui touchait le cœur lui semblait digne de respect. Ne condamnant aucun vice ni aucun fantasme, il avait pour la race humaine qui passe beaucoup de temps entre les soupirs, les pleurs et les jambes en l'air, une immense compréhension. Sa tolérance était infinie, comme son aptitude à écouter sans broncher les confidences les plus ennuyeuses : il les accueillait avec la même égalité d'humeur que les discours des hommes politiques les plus soporifiques.

Quand venait l'heure d'écrire ses articles, il s'enfermait dans son bureau avec fébrilité. Cette opération lui ôtait son masque d'insouciance. Fanatique du mot juste, amant de la tournure élégante, scrupuleux, ennemi de l'excès, il ciselait des éditoriaux dans un style souvent hermétique qui rappelait Mallarmé. Le profane appréciait son talent à rendre si intelligents et si subtils les propos des lourds percherons de la politique. Plus que tout il craignait le propos du café du commerce. Ses articles ne risquaient guère de leur ressembler. Ce parnassien ou ce symboliste du commentaire pouvait être abscons, il ne fut jamais banal. Là où il était le meilleur, c'était lorsque les événements lui offraient l'occasion d'exercer son talent de conteur : avec quel art il brossait une fresque, décrivait ses acteurs, en montrait les plans différents ; il y jetait les ombres des coulisses et les lumières de la scène à la manière des grands peintres de Venise.

Chaleureux, d'une immense culture, la noblesse toujours sous les armes, ce chevalier avait certainement des faiblesses sous la cuirasse de son égalité d'humeur. Il ne les confiait à personne. Ses peines, ses souffrances, les aléas de sa vie privée étaient cachetés dans un secret absolu. Est-ce parce qu'il s'intéressait plus aux autres qu'à lui-même ou parce que ce pascalien qui trouvait tant d'agrément à laisser s'épancher l'ego des autres trouvait son propre moi haïssable ? Ce géant, grand amateur de créatures aux longs cheveux et à la peau satinée, ne livrait rien de ses émotions intimes. La pudeur le retenait d'ouvrir jamais son cœur.

Bien d'autres journalistes s'agitaient dans ce bouillon de culture de talents ; Georges-Marc Benhamou promenait son visage bronzé de séfarade heureux comme s'il revenait de la plage de Nice par un beau jour ensoleillé : Claire Chazal, jolie, précise, méticuleuse, manifestait déjà les mêmes qualités pour un public restreint que celles qui feraient son succès lors de la vaste audience du journal de vingt heures ; Laurence Cossé, fière, digne, talentueuse, très peu accessible au doute, droite comme la déontologie, s'avançait vers une carrière littéraire avec la même assurance tranquille que si elle fût entrée en religion et la certitude que le Jugement dernier ne lui serait pas défavorable ; Jean-Dominique Bauby ressemblait lui à ces éphèbes qui dans Shakespeare s'adressent des sonnets et entourent Mercutio ; on n'imaginait pas alors qu'il prendrait de l'assurance et du poids éditorial et qu'il dirigerait un grand hebdomadaire féminin tant il semblait voué à la jeunesse, à ses rires, à ses ironies, à ses rites fantasques, à ses désinvoltures ; on imaginait moins encore que la maladie l'enfermerait dans un tombeau d'acier dont il ne pourrait s'extraire que par les mots en clignant une paupière avant que la mort ne lui ferme cet œil invinciblement ironique.

Un jour, chez moi, rue du Cherche-Midi, quand je caressais le rêve de diriger les *Nouvelles littéraires* et que je dressais la liste des collaborateurs que je songeais à engager et qui demeurèrent dans les limbes, on sonna à ma porte. J'avais devant moi un grand garçon victime d'un grave accident de voiture. Il se tenait sur des béquilles. Il me fit penser à Hemingway sortant de l'hôpital de Milan. Éric Neuhoff venait de la part de Jean d'Ormesson pour me parler de Drieu la Rochelle. Ainsi naquit notre amitié. Cette rencontre le conduisit à rejoindre ce journal qui semblait réunir une collection de promesses.

Que reste-t-il de ces sept années de ferveur, de passion, de rencontres, d'amitiés, de tant d'articles jetés avec fièvre sur le papier ? Parfois un goût de cendre comme tous les plaisirs consumés. Un regret que cela n'ait pas duré plus longtemps comme la jeunesse, l'amour, ces fleurs qui se fanent si vite. Mais aussi le sentiment d'avoir vécu d'une vie privilégiée, anachronique, en s'adonnant au journalisme de la manière la plus libre, la plus joyeuse et la plus intense. C'est cet îlot perdu que Philippe Tesson aura conçu miraculeusement en plein cœur du monde moderne dans une époque de rentabilité, de lourdeur, de sérieux.

Aimer une femme mariée

Revenons à l'amour, puisque au fond, il n'y a que cette passion éphémère qui donne un goût d'éternité.

Diana était fière, aussi farouche que les chevaux qu'elle dressait dans sa propriété de Carlington, près d'Oxford. Elle préférait ne pas s'interroger sur le moment de folie qui, contre tous ses principes, l'avait jetée dans mes bras. Cela lui semblait un phénomène aussi bizarre que la foudre, un cyclone ou un tremblement de terre. Elle ne pensait pas qu'une telle catastrophe pût jamais lui arriver. Elle avait construit un mur autour d'elle pour se protéger et se croyait à l'abri. Elle se sentait imprenable autant par dégoût de l'humanité que par un sentiment de fierté qui lui faisait juger les choses de l'amour soit comme un idéal impossible soit comme un abandon bestial. Elle n'imaginait pas l'entre-deux. Son intransigeance ne lui faisait jamais envisager les moyens termes ou les compromis. La vie devait être ainsi : droite, sans écart, maintenue dans son parcours par une main inflexible. Cette rigueur était pour elle une religion.

À l'époque où je la rencontrai, elle avait depuis longtemps renoncé à aimer. Mariée depuis quinze ans à un aristocrate qui avait le double de son âge, elle formait avec lui un de ces couples unis par l'affection et par une forme de spiritualisation qui liait plus leurs âmes que leurs corps. Elle croyait son cœur fermé à jamais, mais redoutait ce pernicieux viscère comme une source de faiblesse que d'avance elle ne se pardonnait pas. Elle se méfiait encore plus des hommes qu'elle savait pleins de concupiscence et dont les déclarations et les protestations lui semblaient des manigances spécieuses et intéressées.

Approchant du milieu de la vie, elle voyait venir l'hiver. Elle acceptait avec courage la solitude qui de plus en plus l'envelopperait dans ses voiles glacés. Elle échappait à cette angoisse en demandant à la nature de lui donner les plaisirs, les joies, les émotions qui lui manquaient. Cette liberté de l'instinct débridé, l'ardeur des saillies, les montées de la sève, les bourgeonnements, la copulation universelle de l'ordre animal et l'allégresse reproductrice du monde végétal la fascinaient. Elle ne vivait plus que pour les chevaux, les arbres, les plantes, les fleurs. Elle habillait sa sauvagerie d'un masque de mondanité qui lui convenait car il lui permettait de fréquenter la société de manière indifférente sans qu'on lui demandât de rien donner d'elle-même, sans offrir ni prise ni engagement. La mondanité est en effet l'acte social par excellence où l'on n'exige rien de la personne et où l'on se contente avantageusement de son rôle. Elle y évoluait comme une superbe goélette insensible aux hommages qu'elle décourageait sans effort ; inabordable, lointaine, laissant son cœur palpiter ailleurs, pour la naissance d'un poulain, l'éclosion d'une rose, le tumulte du printemps, la symphonie des oiseaux. Elle ne se donnait qu'à la nature, vivant par procuration à travers elle l'élan vital des êtres, en communion avec eux. Sa sensualité se greffait sur le mouvement cyclique des lunes et des saisons.

Elle s'était insurgée autant contre moi que contre elle-même. Elle s'irritait de ses sentiments trop inflammables. Elle détestait l'abandon, voyant la passion comme une des pires maladies de l'âme, une maladie qui vous aliène à un être, vous soumet à son désir. Sa personnalité orgueilleuse lui faisait prendre toute dépendance en horreur. Sa pudeur l'empêchait de baisser la garde. Sa rigueur, son sens du devoir, mais plus encore l'estime d'elle-même, la portaient à regarder l'adultère moins comme une faute que comme une vulgarité. Corsetée de principes, elle voulait pouvoir juger le monde, le contempler du haut d'un sommet. Mue par une conception aristocratique de la vie, elle refusait de s'abaisser au monde frelaté du plaisir qu'elle regardait comme l'exultation d'une fièvre commune, un manque de maîtrise de soi, un recul vers la bestialité.

Mais l'inconcevable pour elle était advenu. Elle était tombée dans le piège qu'elle redoutait. Une fois prise, elle fit encore des tentatives pour s'y soustraire. Mais la tendresse qu'elle avait refoulée, les élans qu'elle avait contrariés balayèrent ses résolutions. La passion qui bouillonnait sous sa froideur se déchaîna.

Je la retrouvai d'abord à Oxford où je descendais dans un vieil hôtel, l'Old Personnages, dans le centre-ville, près du collège. Une bâtisse confortable tout en petits salons tapissés de toiles de Jouy et de photos encadrées des personnalités célèbres qui avaient fréquenté l'université ; des fauteuils à oreillettes, profonds et moelleux, faisaient cercle autour de cheminées ronronnantes. De là nous allions ramer sur la Cam mêlant nos avirons à ceux de collégiens rouges et braillards qui dans leurs joutes nautiques retrouvaient les gestes de Byron et de

T. E. Lawrence. La barque faisait halte. Je la prenais dans mes bras.

Bientôt elle m'invita chez elle et me présenta à son mari, qui m'accueillit avec une impeccable politesse. Nous étions dans un monde où tout se joue sur les apparences, où le soupçon, les arrière-pensées sont bannis. Un monde de civilité absolue où ce qui n'est pas montré pas plus que ce qui n'est pas dit n'ont droit à l'existence. Il m'emmena faire le tour du parc ainsi qu'il procédait de manière immuable avec ses hôtes et me tint les mêmes propos qu'il leur avait tenus à tous pendant leur visite, propos qui d'ailleurs devaient être, à quelques nuances près, ceux de son père, de ses aïeux, dans les mêmes circonstances. Des chevaux gambadaient dans une prairie. Tout était dans un ordre parfait ; la maison du jardinier rutilait ; la serre semblait aussi propre et rangée qu'une salle d'opération ; aucune feuille morte ne déparait le gazon aussi uni qu'un tapis de billard. Seul le cœur semblait ne pas avoir de place. On le considérait comme un intrus. Comme un virus de dissolution. Je me sentais aussi étranger qu'on peut l'être. Et c'était à cette condition qu'on m'y acceptait.

J'allais monter à cheval dans la propriété avec Diana ; nous nous promenions dans les bois. Parfois nous rentrions avec le crépuscule, et cette demi-obscurité jetait sur nous des ombres coupables. Son mari nous attendait impavide sur le perron. Son indifférence, sa distance vis-à-vis d'une liaison qu'il ne voulait pas voir, étaient presque plus lourdes à supporter que s'il nous avait attendus un fusil chargé à la main. Le dîner à trois se passait dans le même climat : féru d'histoire, de politique, il abordait les généralités avec aisance et humour, mais sur un ton si impersonnel que cela ne pouvait offrir la moindre prise à une conversation. En fait il meublait le silence, ce silence du non-dit qui pesait sur nous comme il a dû peser sur le paradis terrestre après la faute. Il quittait tôt le salon pour rejoindre sa chambre. Bientôt la maison s'enterrait dans la brume et le silence. Je regagnai ma chambre. De mon lit, j'observais à travers la fenêtre cette nuit cotonneuse traversée par la lueur froide de la lanterne du perron. Soudain je percevais un léger craquement du plancher ; je dirigeais mon regard vers la porte de la chambre : comme dans un film d'Hitchcock, je voyais la poignée tourner avec une lenteur insupportable. Dans cette atmosphère de crime, Diana se glissait contre moi. Elle repartait à l'aube. Souvent, en m'éveillant devant le lit vide, je me demandais si je n'avais pas rêvé.

Diana finit par louer un pied-à-terre à Paris, rue de Chanaleilles, en face de l'atelier de José Maria Sert. Elle y vint de plus en plus souvent. Ainsi commença sa double vie.

Quand on aime une femme mariée, la société l'emporte toujours. La fosse commune où gisent les amants ne porte pas mention de leur nom ni trace de leur existence. Ils sont passés comme une vapeur, un nuage, une bulle dans l'eau. Nés d'un rêve, ils sont retournés au rêve, à la nostalgie qui est le moins dynamique des rêves. Ce feu qui brûlait sous la peau s'est éteint sans laisser aucune marque visible. Les lettres sitôt décachetées seront brûlées, ou si bien dissimulées que nul ne les retrouvera. Ce cœur qui palpitait si fort, comme peu de temps lui suffira pour retrouver son calme, sa sagesse. Tout rentre si vite dans l'ordre. Le mari le plus trompé laisse une empreinte plus durable que l'amant le plus aimé.

Ce qui écarte l'ange

Il a fallu une double rencontre avec Mauriac pour que je renie mes résolutions. Ma famille, cette part de moi-même qui ne m'appartient pas, je m'étais promis de ne plus l'évoquer. J'ai déjà dit pourquoi, loin de m'en prévaloir, j'ai si longtemps nourri un complexe de bâtard, d'enfant trouvé, qui tenait à mon bizarre statut de pauvre au milieu des riches. Cette disposition d'esprit n'est-elle pas propre à ceux qui aspirent à créer seul leur chemin. C'est le « je ne suis le fils que de moi-même » de Napoléon à sa mère. Ce qui me singularisait en dehors de mon manque d'appétit pour la peinture, ce n'était pas tant la passion littéraire qui est après tout un avatar artistique, mais mon goût marqué pour la question sociale. Dans la famille, la société représentait l'ennemi : on ne croyait ni à ses lois ni à ses récompenses ; bénéficier de ses honneurs semblait suspect. Ses décrets étaient aussi fatidiques et inexplicables que la volonté du Dieu de la Bible. L'idée d'y occuper une place, d'y jouer un rôle ne serait-ce que pour tenter de l'améliorer ou de modifier son cours, ne venait à personne. C'était une fatalité avec laquelle il fallait se débrouiller. De qui ai-je bien pu hériter le démon qui m'a donné le désir de me jeter au cœur de la société avec l'ivresse de la conquérir et la griserie non moins grande, et totalement contradictoire, de la remettre en cause, de la houspiller, de la morigéner ? Elle me passionne comme un terrain de jeu âpre et cruel. J'ai aimé ses séductions balzaciennes et stendhaliennes. Rubempré, Julien Sorel m'ont été fraternels. Comme eux, j'ai cru aux vertiges de l'ascension sociale. De toutes les passions, je le concède, c'est la plus bête, ce n'est pas une raison pour la renier. Mais le but que je me fixais s'il commençait dans l'ornière de la réalité en sortait vite pour battre la campagne en plein romanesque. Infidèle à ma famille par le sang, j'étais fidèle à ma famille littéraire d'adoption qui est hantée par cette question à laquelle la société n'apporte qu'une réponse insuffisante : « Qu'ai-je fait de ma vie ? » Tout cela me rapprochait de Mauriac le barrésien « serrant les poings jusqu'à pleurer du désir de dominer sa vie ». Comme je comprenais la contradiction de son ambition à entrer dans une maison pour ensuite y allumer un feu passionné au grand émoi de la maîtresse de maison. Soudain, à deux reprises, à quelques jours d'intervalle, ce hasard auquel je ne crois pas éveille sa mémoire. D'abord une phrase de son *Bloc-Notes* me tombe sous les yeux. C'est un jour où il parle de la difficulté d'être heureux, surtout pour les hommes de sa sorte : « J'appartiens à la race de ceux qui lorsqu'ils écrivent une lettre d'amour rédigent aussi sa réponse. » Je m'enflamme aussitôt. Heureux ! Qui peut l'être quand on est affligé de cette sensibilité particulière qui vous soumet au bon vouloir du maître le plus fantasque : le rêve. Que de fois en écrivant une lettre d'amour tandis que l'espoir diffusait sa douce folie, on a pu croire que la réponse que l'on recevrait aurait la même ardeur ! Comme ces constructions imaginaires sont douloureuses. On a livré son cœur, on l'a échauffé d'espérance, et la destinataire ne lui répond pas. Le silence. La réprobation du silence. On était seul. On a cru voir quelqu'un. On s'est monté la tête. C'est la mécanique chimérique de l'amour. Bien sûr on n'ira pas jusqu'à la folle extrémité de Vincent à Arles : il se coupe l'oreille et l'adresse à sa bien-aimée. On ne l'imitera pas : notre amour dans ses excès reste contenu dans des digues raisonnables.

Ce Mauriac amoureux, une biographie de lui vient me rappeler qu'il fut très épris de ma grand-tante, Marianne, la fille d'Ernest Chausson. On en parlait encore dans ma famille, surtout mon père qui était son filleul, avec ces airs lourds de sous-entendus qui s'attachaient toujours à ces époques aux fiançailles mystérieusement rompues. Dommage ! C'eût été plaisant de voir cette engeance de peintres flanquée en serre-file de ses deux grands écrivains académiciens, Mauriac venant s'ajouter à Valéry. Mauriac s'est remis difficilement de cet échec amoureux qui se doublait d'un ratage social. C'était le temps où les fiancés et leurs proches enquêtaient âprement les uns sur les autres pour dépister les maladies héréditaires, les mauvaises fréquentations, les mœurs douteuses, et cette autre tare rédhibitoire : le manque de fortune. Accepté à l'écrit, Mauriac avait été collé à l'oral. Pour quelle obscure raison ? Les Chausson s'estimaient-ils d'un statut social supérieur par rapport à un provincial ? Surtout ils ne semblaient guère apprécier ses fréquentations : Jean Cocteau, Lucien Daudet, François Le Gris faisaient douter de la régularité de ses mœurs.

Entre la rencontre et le refus, comme le cœur de Mauriac a palpité pour la belle Marianne aux yeux violets !

Mauriac lui est présenté par un de ses cousins, Robert Vallery-Radot (futur père Irénée) dont la petite-fille épousera Dominique de Roux. Elle a dix-huit ans, elle est belle, extravagante et secrète. Passionnée de poésie, elle enflamme le jeune homme qui rêve de mariage pour échapper à de sombres tentations : « Nulle autre ne pourrait désormais me paraître mystérieuse et rare. Elle avait éveillé un sentiment que je n'éprouve presque jamais (et jamais à ce degré) : l'admiration. » Dans *La Pharisienne*, il dressera un constat impitoyable de cet échec : « Née dans un milieu artiste mais riche, je mordis à l'hameçon, à peine me fut-elle apparue. À vrai dire cette madone et cette muse se montrait plus hésitante et plus rétive que j'eusse pu le souhaiter. Je n'avais pas su deviner, à l'abri de leur sublime, les grands bourgeois hésitant à s'engager, pesant le pour et le contre, et me jaugeant d'un œil circonspect. Représentais-je quelqu'un sur qui l'on pût tabler ? "Congédié" sans excuses ni explications, je me donnai à moi-même la pire : c'était qu'en dépit de toutes les preuves rassurantes que je pouvais avoir par ailleurs, j'étais incapable de plaire. Il y avait en moi un je-ne-sais-quoi qui avait écarté l'ange. » Il ajoute : « Un peu de fiel qui mêle à mon œuvre son amertume vient de cette injure que je reçus. » Il va jusqu'à songer au suicide : « Marianne est une petite morte dans mon passé. Je ne pense pas l'oublier jamais. Elle aura toujours dans mon cœur un domaine réservé. Le cœur ne vieillit pas... Une fois je me suis penché à mon balcon sur la ville endormie. J'ai connu le vertige de ma jeunesse sur la mort. »

Mauriac ignorait que Marianne ne l'avait pas repoussé pour son manque d'argent. Elle épousera quelques années plus tard en dépit de sa famille un grand blessé de guerre, une gueule cassée, qu'elle avait soigné, issu d'une famille très pauvre, et qui, à sa manière, était génial : Gaston Julia, mathématicien, rejoindra Mauriac sur les bancs de l'Institut. Donc ce n'était pas une question de fortune. C'était ce « je-ne-sais-quoi » qui nous donne tantôt le bonheur tantôt la peine.

Que de fois j'ai retrouvé Mauriac sur mon chemin. Au *Figaro* où je le croisais, statufié par la gloire, ma timidité me le rendait inabordable ; mais savais-je alors à quel point il me deviendrait fraternel ? Le romancier catholique dissimulait le fiévreux polémiste, l'homme de combat qui se trouvait écartelé entre une droite qui le regardait comme un traître et une gauche qui le méprisait comme un tenant de la réaction. Comme il a dû se sentir seul dans ce journal où on avait du mal à comprendre une fougue qui allait à rebrousse-poil des opinions dominantes et qui hérissait les sacro-saints abonnés. Des lettres d'injures, des cercueils, des menaces de mort, voilà les roses qu'il recevait pour avoir dans ses articles osé faire entendre la voix de l'Évangile ; les consciences bourgeoises et catholiques lui préféraient les tortionnaires et les assassins. Plus tard quand j'écrivis sur des sujets similaires, je reçus ces lettres qui suaient la haine. J'éprouvai une solitude semblable à la sienne. Le même sentiment d'abandon me faisait communier avec l'ombre lumineuse de Mauriac.

Un jour, à Bordeaux, après une conférence, une dame du public s'est adressée à moi. Évoquant l'éloignement des écrivains d'aujourd'hui pour les thèmes et l'œuvre de Mauriac, elle me demandait s'il en était de même pour moi.

Cette question me troubla. Tous les liens subtils que je viens d'évoquer se pressaient dans mon esprit. Je ne savais par où commencer. Devais-je avouer que la foi qui l'illuminait me faisait défaut ? Expliquer mon étrange cheminement dans la famille chrétienne ? Mais je risquais de m'égarer dans la question religieuse, alors que quelque chose de plus fort m'attachait à lui de manière viscérale, tant il est vrai que la sensibilité est en nous aussi profonde que les entrailles...

Je répondis :

— Je me sens très proche de lui. Surtout pour la ferveur.

À la belle étoile

C'était une île dans une île sous l'archipel des étoiles : le matelas posé à même le sol sur la terrasse chaulée semblait dériver dans la nuit obscure de Pátmos. La brise de mer tiède comme une haleine étreignait un figuier avec un bruit de papier froissé, diffusant une odeur sucrée. Le ronflement du propriétaire s'accordait aux stridulations des grillons. Dans le lointain, par vagues, parvenait le crincrin d'un bouzouki. Le corps de Diana aussi semblait une île : immense, longiligne, immobile et hiératique comme les kouros de Náxos, il paraissait tombé d'une autre planète sur ce matelas mité. Aucun luxe ne pouvait rivaliser avec la splendeur qu'offrait ce dénuement : quel lit de duvet, quelle suite royale des palaces de la place Syndagma, de l'hôtel d'Angleterre ou du King George, pouvait dispenser la magnificence d'un plafond aussi somptueux que cette voûte étoilée ?

Que de péripéties, d'efforts, de fatigues, devenus subitement lointains, nous avaient jetés dans cet asile sans murs, sans fenêtres et sans toit ! C'est le charme de ces voyages d'île en île où les bateaux se délestent de leurs lots de passagers abandonnés sur le port ; à eux de se chercher un gîte au hasard de la chance. Plus de chambre à l'hôtel, ni chez l'habitant, alors on trouve refuge n'importe où, sur le parvis d'une église, sur les marches d'un escalier. Cette fois on m'avait proposé, faute de mieux, ce toit en terrasse où le propriétaire devait venir chercher un peu de fraîcheur par les nuits de canicule. Ni la couverture râpeuse qui sent le bouc, ni le matelas en crin, ni les oreillers confectionnés avec des sacs de voyage enveloppés dans des foulards ne font obstacle à la féerie de la nuit grecque. Diana acceptait de bon cœur ces vicissitudes du voyage. Ce grabat stellaire le pimentait d'exotisme. Et les Anglais si soucieux du confort dans leur pays froid s'adaptent très bien à la tente du désert en poil de chameau ou à l'austérité des murs en pisé.

À la palpitation des étoiles éclairant le temps immobile des sphères répondait le frémissement des corps. J'étreignai Diana, j'embrassai sa poitrine avec le sentiment de saisir cet instant, de le fixer, de l'immortaliser : ce que je détenais entre mes bras ce n'était plus seulement Diana, son monde de refus obstiné, son orgueil aristocratique, mais la nuit intense et lumineuse, cette paix de l'éternité des planètes. Le plaisir me rejeta dans un coma épais. Je ne m'éveillai que sous la lumière stridente du jour qui, dès l'aube, lançait ses feux. Une violence aussi brutale que doit l'être la naissance qui nous projette sans ménagement dans la vie. Je maudissais le soleil assassin, tentant vainement d'enfouir mes yeux sous la couverture à l'odeur de bouc.

Mais, au lever, le paysage des maisons cubiques d'un blanc étincelant qui s'étageaient au-dessus de la mer faisait oublier la mauvaise humeur d'une nuit écourtée. Des autocars vétustes et brinquebalants transbahutaient les touristes dans des nuages de poussière. Une eau claire, translucide, réparait les dégâts de la nuit.

Au retour de la plage, j'échangeai notre toit contre une soupente aux portes et aux solives peintes dans un vert cru. Nous dînerions dans une taverne enfumée, parfumée par l'odeur des souvlakis, d'une salade de tomates, de feta, de brochettes, en buvant du demestica, un vin blanc un peu râpeux. Et demain ? Demain, un bateau nous emporterait ailleurs. Notre baluchon sur l'épaule, nous subirions le supplice de ces périples sur des bateaux à bout de souffle : tantôt étouffant de chaleur dans des cabines sans aération, tantôt allongés contre des bouées de sauvetage dans les courants d'air des coursives humides d'embruns. Et à nouveau, ce serait l'aventure à la recherche d'un logement.

Où irions-nous ? À Lesbos, à Skiatos, à Skýros, dans l'île des chevaux sauvages, d'Achille et de Rupert Brooke ? Je me souviens à Skýros d'une chambre haute et sonore des bruits de la ruelle maculée de ce crottin des petits chevaux qu'on laissait sur le sol blanchi comme s'ils provenaient des entrailles sacrées de Pégase. Des ânes faisaient racler leurs sabots d'un air humble et triste, écrasés sous le faix, chargés non pas de la légende mais des contingences du monde. La chambre meublée de petites chaises noires caractéristiques de l'île était couverte de plats en faïence. La logeuse, méfiante, s'en revenant de traire ses chèvres et d'ausculter ses fromages, parfumée de leurs fragrances sauvages, regardait nos allées et venues avec un œil aiguisé de suspicion comme si nous allions lui dérober ses trésors.

Que de soleils roulèrent ainsi ! Chaque jour l'astre éclairait une île nouvelle, semblable à la précédente. Les jours de la Grèce semblaient s'égrener comme les perles des chapelets que les popes barbus triturent de manière compulsive.

Diana, femme du Nord, aimait ces paysages pelés, arides. La poussière des chemins ne lui faisait pas peur, elle ne manifestait aucun regret devant la perte de son confort. Cette forme de macération qui la coupait de son monde, de ses habitudes et de ses privilèges, lui montrait l'adultère comme un autre pays : un pays intense tout en lumières et en ombres, éclairé par la volupté et assombri par la culpabilité.

Un wagon-lit creusait un long tunnel dans la nuit : j'emmenai Diana skier en Autriche, à Lech, en souvenir de Hemingway qui s'était installé non loin de là, dans le Voralberg. Enveloppée dans un long manteau de fourrure en loup, elle me rejoignait dans le compartiment avec des airs d'espionne. Cela donnait à notre escapade un parfum d'avant-guerre, de Mata Hari pourchassée par le Cinquième Bureau, une atmosphère à la Morand, à la Dekobra. Nous sablions le champagne tandis que le train s'ébranlait, traversant des banlieues tristes et patibulaires pour s'élancer vers le grand large de l'aventure. Diana apparaissait dépouillée de sa fourrure ; il lui fallait du temps pour abandonner son mutisme de glace et s'acclimater aux douceurs violentes des amours interdites. Là, devant la dépouille du loup, sur des draps rêches, tandis que s'abattaient avec des éclairs les murs des villes et les lampadaires, nous retrouvions notre île chaude, lointaine, inaccessible.

Lech possédait les agréments et les charmes du *gemütlich* dans sa version sportive. Des chambres douillettes où s'empilaient les oreillers et les couettes en duvet. De lents télésièges agencés pour regarder le paysage, les mains et les jambes emmitouflées dans des couvertures à carreaux et le verre de vin chaud à l'arrivée, ne préparent pas à des exploits que les montagnes en pentes douces rendent impossibles. On se laisse glisser avec des skieurs obéissants et bien élevés vers un refuge où fument les saucisses chaudes et toutes sortes de charcuteries accompagnées de pain au cumin et de confiture d'airelles ; le vin blanc du Danube scie les jambes ; un schnaps donne le coup de grâce. On empoigne ce qu'il reste de forces pour chausser des skis et, dans une délicieuse hébétude, on dérive vers son hôtel en compagnie de colonnes ordonnées de chapeaux à plume pour retrouver sa chambre, y sombrer dans les profondeurs de la couette et dans les douceurs non moins suaves de l'amour.

Nous protégions ainsi notre amour hors des sentiers battus, dans des lieux qui lui apportaient leur dépaysement et leurs sortilèges. En marge de la société, condamné à l'errance, ce fruit défendu loin de nous chasser du paradis semblait le susciter chaque fois sous nos pas. Mais la passion adultère qui fuit la routine où s'enlise et se renforce l'amour pot-au-feu n'a qu'un ennemi : le temps. Ce temps, il est comme la vie, on a l'impression quand on la possède qu'on la gardera toujours. Ce n'est qu'au bord de la perdre qu'on s'aperçoit combien elle était précieuse. Mais il est trop tard.

Les hiéroglyphes du destin

— Tirez douze cartes avec la main gauche, puis recouvrez-les avec douze autres cartes. Voilà !

C'est sur un petit tapis orné du signe des constellations du zodiaque ou de hiéroglyphes cabalistiques que je voyais mon existence future se dérouler devant moi. Étaient-ce mes vœux et mes espérances qui se cristallisaient sous la main habile du cartomancien ou celui-ci puisait-il à une source inconnue ces lumières sur le secret impénétrable de la destinée ? Il y a ainsi deux chemins du souvenir : la vie réelle comme un long ruban décoloré dont les épisodes peu à peu se mêlent et s'effacent et cette autre vie annoncée, dessinée comme un canevas irréel sur lequel j'aurais brodé mes passions et mes souffrances.

Le roman d'une vie est-il déjà écrit comme l'est le roman de l'écrivain déjà inscrit dans son cerveau avant qu'il ne l'excave avec sa plume ? Je me suis adonné à la voyance comme à une drogue. J'ai toujours eu la curiosité de l'avenir. Dès l'adolescence, seul, le soir, dans ma chambre de bonne, observant les toits de Paris et au loin le Sacré-Cœur illuminé, je tentais de percer les secrets du futur. Comment se dessinerait ma vie ? Serais-je du côté des élus ou des perdants ?

Je suis docile et de bonne composition quand on me proclame le verdict de mes futuritions. J'accepte de bon cœur le succès, l'amour qu'on m'y promet, je ne regimbe pas à l'annonce d'un mauvais passage des astres, d'un échec ou d'une année difficile. Je les accepte avec le même fatalisme que les intempéries prévues par la météo. Mais, après tout, même la prévision de quelque malheur ou de quelque drame sentimental ne doit pas trop nous effaroucher. Ce qui serait terrible, c'est la voyante qui soudain ne lit plus rien dans notre avenir, rien qu'une plage blanche que n'atteignent plus ni les échecs ni les orages du cœur. Notre destin après la vie n'est-il donc plus régi par une étoile ?

Toutes ces cartomanciennes et ces chamans n'eurent pas la redoutable divination de la voyante de Salvador de Bahia que je consultai au cours d'un voyage au Brésil. Adepte du candomblé, cette matrone métisse enroulée dans un immense boubou multicolore, couverte d'amulettes et entourée de grigris recevait assise en tailleur sur le sable dans une hutte en bambous. Elle lisait l'avenir dans les coquillages qu'elle jetait sur le sol et qu'elle observait dans une sorte de transe médiumnique. La sibylle lança ses coquillages et laissa tomber cet oracle très peu énigmatique qui ne cessa de me troubler : « Je vous vois entouré de quarante perroquets verts. »

J'avais contracté ce vice bien des années auparavant auprès de Mme Sirakian, une vieille Arménienne cérémonieuse, qui officiait dans un appartement près du boulevard de Courcelles. Ayant elle-même traversé beaucoup de malheurs, notamment celui de l'exil, elle vous regardait en souriant et s'appliquait à faire sourire l'avenir. Si j'ai été riche, glorieux, aimé, comblé par la fortune, c'est bien auprès d'elle, dans ces instants où par la grâce du roi de cœur, ou du sept de carreau, elle me promettait toutes les félicités. Tirais-je la dame de pique ou le pendu du tarot de Marseille, elle n'avait de cesse d'exorciser leur présage néfaste et malfaisant avec de meilleures cartes. La vieille dame n'avait qu'un défaut : celui de vous faire pénétrer dans l'intimité des personnes huppées qui formaient sa clientèle. « Avec cette configuration, vous allez être riche... c'est ce que j'ai annoncé à X..., l'écrivain célèbre qui avait tiré les mêmes cartes que vous : eh bien il a eu le prix Goncourt, l'an passé... Ah, méfiez-vous de cette dame de pique, c'est une carte redoutable : Mme X..., vous savez la très belle actrice, l'a tirée ici il y a quelques mois : le lendemain son mari la quittait pour Mlle Y..., la présentatrice de télévision, mais heureusement, depuis, elle a retrouvé un homme très bien. Peut-être le connaissez-vous, c'est Z..., l'homme politique... »

Plus tard je rencontrai un jeune astrologue aux yeux bleus, Philippe Blaizot, qui dans sa mansarde du quai d'Orsay, ouvrit pour moi le chemin des étoiles. Vénus, Mercure, Jupiter, Saturne devinrent des déités familières. Devant mon thème astral, hérissé de flèches rouges et bleues, il m'aidait à apprivoiser l'avenir. Pour moi il déchiffrait le message des astres. Il était mon intermédiaire avec mon devenir. Savait-il, lui qui lisait si bien l'avenir des autres, qu'il lui restait peu de temps à vivre ? J'allais le visiter dans les basses eaux de l'existence, quand je sentais un lourd couvercle de spleen peser sur moi. J'avais l'impression de stagner. La vie n'avançait pas. Les portes semblaient fermées. Il fixait sur moi son beau regard bleu et me regardait de son air doux d'épagneul triste :

— Les choses vont s'arranger. Je vois bien qu'en ce moment la vie n'est pas facile, surtout côté cœur. C'est normal votre signe est en exil de Vénus.

— En exil de Vénus !

— Oui, mais c'est une configuration qui s'arrangera. Prenez patience. Je vois une femme dans votre vie, mais elle est mariée. Cette situation ne vous rend pas heureux.

Il scrutait attentivement mon thème. Puis de sa voix douce il ajouta :

— Mais vous allez faire des rencontres : je vois une jeune fille.

Il hocha la tête :

— Je ne crois pas que ce soit la bonne car j'en vois une autre quelques mois plus tard. Ne vous en faites pas. Tout s'arrangera.

L'amour en sleeping-car

Les astres n'avaient pas menti. La jeune fille apparut. Béatrice avait dix-huit ans. Vingt années ou presque nous séparaient. Elle me semblait pourtant si proche. Heureusement l'amour ne s'embarrasse pas de l'état civil ; aucun passeport, aucun visa n'est nécessaire pour franchir la frontière qui conduit à des lèvres aimées, et les jupes sont plus légères à soulever que les barrières douanières. Donc cette irritante question de la différence d'âge n'avait aucune importance.

Devant tant de délicatesse, j'avais décidé de ne pas brusquer les choses. Je faisais durer le plaisir : promenades main dans la main dans le jardin du Luxembourg, chastes baisers sous la pluie devant la statue de Sainte-Beuve, conversations infinies devant un chocolat chaud, silences pendant lesquels je me noyais dans le bleu maritime de ses yeux, bouquets de fleurs, billets doux ; excursions nocturnes à bord de taxis dont les chauffeurs nous regardaient, dans le rétroviseur, avec des expressions torves, entre la lubricité et la haine. Je la raccompagnais au bas de sa porte. Je humais le parfum de ses cheveux tandis qu'elle abandonnait sa tête blonde sur le revers de mon imperméable. Comme ils sont doux ces commencements de l'amour ; comme ils sont fragiles. Un mot, un geste peuvent suffire à en briser la magie. On avance avec précaution. Terrain miné. On manifeste une délicatesse d'autant plus précieuse qu'on sait qu'elle ne durera pas.

Me défiant de moi-même — mon pire ennemi —, je m'étais interdit les situations à risque : je ne lui demandais pas de monter chez moi ; mes mains n'empruntaient aucun parcours illicite : elles évitaient prudemment son corsage et ne s'aventuraient jamais en dessous de sa ceinture. Le jour, la nuit, je rêvais à Béatrice. J'étais sur un nuage rose. Jamais je ne m'étais senti aussi bien. Je m'enivrai de cette belle image que je m'offrais enfin de moi-même. Fini la barbarie du dragueur sans foi ni loi, le froid machiavélisme du prédateur avide de chair fraîche, la rouerie de l'escroc aux sentiments.

Ces prolégomènes apparaissaient d'autant plus suaves qu'ils étaient appelés à avoir leur récompense. D'avance je savourais le bonheur que j'aurais à la prendre dans mes bras ; car chaque jour avivait mon désir et je sentais Béatrice devenir plus tendre, plus amoureuse. Je dévorais l'avenir. J'imaginais cet instant où, dans un embrasement voluptueux, nous conclurions cette lente et fervente ascension l'un vers l'autre. Au déchaînement du plaisir s'ajouterait en prime cette lueur d'estime qui ne peut manquer de briller dans les yeux d'une jeune fille face à un amant qui a su se montrer si délicat et ô combien différent de ces petits machos mal élevés, aux appétits sauvages, qui ne songent qu'à tirer un coup.

Une occasion de conclure en beauté se présenta. Enfin ! Une invitation de rêve. On me conviait à une fête dans l'Orient-Express : pullman, compartiments spacieux, boiseries, décorations de Mucha, un parfum de Mitteleuropa et de Paul Morand. J'imaginais l'éblouissement de ma jeune amie plongée sans transition de sa prépa à Sup. de Co. dans le charme fané des années trente. Je devais cette aubaine à l'anniversaire d'Hermine de Boissy-Saint-Léger, ou de je ne sais quelle autre jeune pimbêche huppée, faussement excentrique et vraiment dévergondée. Le train pullman irait jusqu'à Courchevel. On danserait toute la nuit dans un wagon salon. Il y aurait un orchestre. On dînerait aux chandelles. Ce qui m'intéressait plus que ce décor et cette ambiance de jeunes filles gâtées et de jeune gommeux qui ne savent pas quoi faire pour jeter l'argent par les fenêtres, c'était la suite : ce qui se passerait dans le compartiment aux boiseries légendaires, dans la musique grinçante des boogies, lorsque délicieusement secoués par le rythme du ballast, nous atteindrions cet instant tant attendu, oui quelque part entre Macon et Bourg-en-Bresse, tandis que le rapide de Dijon nous croiserait dans un boucan d'enfer : enfin aboli l'espace qui séparait nos corps, Béatrice et moi nous nous rejoindrions sur cette couche roulante.

Cette scène d'amour, je pouvais déjà la décrire dans ses moindres détails. Béatrice étreinte pendant la fête dansante ; le slow où l'on perd pied dans les virages ; puis soudain ce désir simultané de quitter la fête ; l'empressement de se retrouver seuls, de se retrancher du monde ; nous aurions regagné notre compartiment, en nous cognant aux parois, à travers un long couloir au tapis moelleux. Là, sous l'éclairage vert de la veilleuse, nous aurions regardé le paysage défiler, les arbres fauchés par la vitesse, quelques étoiles dans la nuit claire ; et nous, muets, dans ce silence qui précède toujours les actes graves. Comme cela nous serrerait la gorge à tous deux. Et dans le roulement des machines, des bruits de ferraille, soudain nus je serais elle, elle serait moi, dans cet enchevêtrement de nos désirs, ne sachant plus à quel sexe nous appartenions. Nous ne serions plus que bouches, lèvres, langues. Épuisés, heureux d'avoir réalisé un rêve, nous contemplerions le paysage dans la nuit. À un arrêt, dans une gare fantomatique, Béatrice, vêtue à la hâte de ma chemise de smoking, se livrerait à des pitreries, faisant mine d'appeler des voyageurs sur le quai, l'air égarés dans la nuit, les skis sur l'épaule. Je tenterais de l'en empêcher, et dans cette lutte nous retrouverions le lit aux draps rêches. Puis nous nous livrerions quelques-uns de ces secrets qui sont à la surface du cœur et qui ne demandent qu'à s'épanouir sur les lèvres. Et au matin, après le mauvais café instantané, les biscottes emmaillotées dans le papier de Cellophane, le sourire complice du contrôleur moustachu, nous irions rejoindre les malheureux fêtards, protégés, immunisés, par le souvenir de notre nuit. Rien, personne, ne pourrait nous atteindre.

Comme cette nuit était merveilleuse à rêver. Maintenant il ne restait plus qu'à la vivre.

Lorsque je lui proposai ce voyage, Béatrice se montra enthousiaste. Elle ne manifesta que des restrictions d'ordre pratique.

— Il faudra que j'emprunte la combinaison de ski de ma mère. Je ne veux pas être ridicule en descendant la Saulire.

Elle m'embrassa. Voilà, comme c'était simple, comme l'amour est simple !

— À vendredi, lui dis-je. Surtout ne sois pas en retard. Je t'attendrai devant le compartiment.

Elle haussa les épaules.

— Je ne suis plus une petite fille. Je sais que les trains n'attendent pas les retardataires.

Je ne marchais pas dans la rue, je dansais.

Le vendredi, à huit heures et demie, je l'attendis. À dire vrai, je poireautais déjà depuis une heure à la gare de Lyon. En fait il me semblait que j'attendais depuis un mois, depuis le jour de ma rencontre avec Béatrice.

J'avais les yeux rivés sur les aiguilles de la grosse horloge. J'éprouvais une angoisse. Je savais que j'avais tort de m'inquiéter. Mais on est toujours inquiet avant de connaître le bonheur. Les minutes passaient. Les voyageurs me bousculaient. D'autres plus importuns encore voulaient engager la conversation.

— Je savais que vous seriez dans le train. Avez-vous lu le roman de X. C'est moins bon qu'on ne le dit, n'est-ce pas ? Toujours le copinage. Il n'y a plus de bons romans. D'ailleurs je n'en lis plus depuis longtemps. Autrefois il y avait de grands romanciers. Pourquoi ont-ils disparu ? Est-ce à cause de la télévision, du cinéma ? Hein, qu'en pensez-vous ?

Je l'aurais étranglé. Qu'on me foute la paix avec la littérature. Je me fichais bien de la décadence du roman. Je cherchais le visage de Béatrice dans la foule. Tolstoï en personne m'aurait demandé la direction d'Astapovo que je l'aurais envoyé aux pelotes.

Je vis une jeune fille courir. Mon cœur battit. Hélas, ce n'était pas Béatrice. Soudain avec terreur j'entendis qu'on annonçait le départ du train. Il ne restait plus que trois minutes. Puis deux, puis une. Puis l'espérance du bonheur se rétrécit à quelques secondes. Je montai sur le marchepied. Le quai était désert. Je sentis que quelque chose bougeait : c'était le train qui s'ébranlait. Hagard, je me raccrochai à l'idée folle qu'elle était dans le train, qu'elle allait me faire une surprise. Je voulais croire aux miracles comme tous les désespérés. Ce train, je le parcourus comme un fou. Béatrice ne s'y trouvait pas.

Bientôt il y eut le dîner aux chandelles. Je dînai seul en tête à tête avec mon désespoir. Celui-là il n'avait pas raté le train. Toujours exact au rendez-vous. Quel était le menu, je serais bien en peine de répondre. Je dévorais la nuit à travers la vitre, essayant de percer le mystère de mon malheur.

Puis il y eut la soirée dansante. Franchement est-ce que j'avais le cœur à me trémousser ?

Je gagnai mon compartiment : il était tel que je l'avais imaginé, luxueux, légendaire à souhait.

Je me glissai dans les draps. J'avais baissé la glace ; le vent qui s'engouffrait dans le compartiment faisait battre le rideau. Pourquoi n'était-elle pas venue ? J'interrogeais le vent, la nuit, les étoiles, chaque gare que je traversais, je faillis même le demander au contrôleur de billet qui était moustachu comme je l'avais imaginé.

J'avais la gorge nouée, des larmes dans les yeux. Peu à peu l'amour que j'avais dans le cœur tournait à l'aigre. Je lui en voulais, je me reprochais ma niaiserie. Et puis je sentis jaillir jusqu'à mes lèvres une expression haineuse, vulgaire (les hommes dont on vient d'humilier l'amour-propre font rarement preuve de mansuétude). Je m'exclamai en frappant du poing sur ma couche :

— Quelle garce ! ça m'apprendra à avoir voulu me conduire correctement.

Un désir de jeunesse

La mauvaise humeur passa. Pas la blessure, qui resta intacte. Cet échec ne fut pas inutile : il me donna matière à réfléchir. Je ne cessais de penser à Béatrice, non plus dans l'espoir d'en être aimé — j'étais trop meurtri pour remettre en route cette machine à souffrir — mais pour tenter d'élucider l'énigme de sa conduite. D'autant qu'elle ne fit rien pour se justifier : je ne reçus pas de nouvelles d'elle, ni lettre ni message d'aucune sorte. Elle s'était évanouie dans le silence. Cela fut l'occasion d'un examen de conscience. Avais-je des torts envers elle ? J'avais beau me livrer à la plus sévère critique de mes faits et gestes depuis notre rencontre, je ne trouvais rien à me reprocher. Pourtant j'étais expert en autodénigrement ; mais en la circonstance, quel que fût mon désir de me flageller et de me condamner, force était d'admettre que pour une fois — peut-être la seule dans une vie amoureuse déjà longue et parsemée de petites vilenies — mon comportement se signalait par son honnêteté. Mais un doute affreux me traversait : n'était-ce pas justement dans cette honnêteté un peu niaise que résidait mon erreur ? Pourquoi s'imaginer que les jeunes filles veulent être traitées comme des saintes ou des chaisières ? Peut-être ce respect n'était-il pas de mise avec elle ? Ne m'eût-elle pas mieux considéré si je l'avais bousculée au lieu d'accumuler ces stupides et désuets préliminaires ? L'amoureux et le tacticien, qui dans le succès amoureux ne font qu'un, s'affrontaient dans l'échec. Ils se donnaient réciproquement tort.

Seule Béatrice détenait la clé qui me manquait. Et encore je n'en étais pas certain. Savait-elle vraiment ce qui l'avait d'abord poussée à accepter cette invitation puis à s'y soustraire ? J'imaginais son débat intérieur. À quel instant précis avait-elle changé d'avis ? Quelle image s'était présentée à son esprit qui soudain avait déterminé sa funeste décision ? Pourquoi s'était-elle engagée aussi loin pour se rétracter ainsi subitement ?

Parfois je l'imaginais, sa valise prête, ce fameux jour, soudain assaillie par le doute. Hésitante, songeant à ce séjour dans la neige, au bonheur escompté, à la nuit dans le sleeping-car, mais retenue par un scrupule, un scrupule qui s'alourdissait de seconde en seconde. Puis la résolution fulgurante qui la retenait de s'abandonner au plaisir. Et cet instant encore instable où la décision prise, elle balançait encore jusqu'à l'heure du départ qui l'avait enfermée dans ce choix. Le soir, avait-elle regretté sa défection, cette occasion manquée, cet amour tué dans ses prémices ? Ou bien était-elle allée danser pour se distraire ? Danser, fleureter, et finir la nuit avec un homme qu'elle ne connaissait pas, qu'elle n'aimait pas, qui la dégoûtait même, mais qui la traitait sans ménagement, brutalement ; oui coucher salement avec un inconnu en s'enfonçant dans cette sombre jouissance que l'on éprouve à salir des instants purs dans la volupté du blasphème.

Songeait-elle encore à moi ? Souffrait-elle comme moi de cette incertitude qui si longtemps m'a habité ?

Quel eût été l'avenir de cet amour consacré dans les neiges ? Eût-il duré ? M'aurait-elle infligé d'autres souffrances pires que celle-là ? Mille chemins étaient ouverts, tous aussi stériles, mais que j'empruntais tour à tour.

S'il est vrai que tout amour est plus imaginaire que réel, celui-ci se signalait par le contraste entre la minceur de ses épisodes concrets et l'abondance des songeries qu'il avait suscitées en moi. Il était tout mental.

À la même époque, le hasard me mit entre les mains un joli petit livre doux et cruel de Meta Carpenter, qui fut le grand amour de Faulkner. Ce récit plein de pudeur, de crudité, de feu et de désespoir raviva ma blessure. Meta travaillait comme assistante d'Howard Hawks à Hollywood lorsqu'elle vit débarquer le petit Faulkner dans son bureau avec son visage d'oiseau de proie : à court d'argent, il venait se renflouer en proposant d'écrire des scénarios. Il arrivait du Sud, élégant comme un gandin, cérémonieux. Meta avait vingt-cinq ans. Originaire du Mississippi elle aussi, c'était une jolie blonde très à cheval sur les principes, qui vivait dans un foyer tenu par des religieuses. Tout de suite l'écrivain l'invita à dîner. Elle refusa. Il battit en retraite d'une démarche titubante ; elle comprit qu'il était ivre.

Faulkner revint souvent. Chaque fois qu'il voyait Meta, il renouvelait sa proposition, chaque fois il essuyait un refus. Cela devint même un jeu entre eux qui dura plusieurs mois.

Un jour, Meta accepta. À la suite de quelle alchimie mentale, de quel combat avec ses principes dont le principal était qu'une jeune fille ne sort pas avec un homme marié ? Elle-même l'ignore. Elle céda à un mouvement irraisonné. Au lieu de l'habituel et inexorable « Non, je regrette, monsieur Faulkner », elle répondit « Oui, merci, j'en serais très heureuse ». Ce dîner en entraîna un autre le lendemain, puis ils se virent chaque soir. À l'issue d'une de ces rencontres, elle finit par accepter de l'accompagner à son hôtel. Là, dans sa chambre, ils firent l'amour : « Après, dans un accès de gratitude, il embrassa mes paupières, ma gorge, et me tint contre lui de toutes ses forces, comme s'il avait peur que je lui fusse arrachée. » Meta est frappée par la force de ses pulsions sexuelles : « Bill, l'homme maître de soi, distant dans la journée, était saisi d'un appétit dévorant. Le désir charnel le secouait comme un vent de tempête soufflette un arbre vigoureux. » Plus tard il lui écrira en commentaire d'un dessin érotique qui le représente épuisé après une nuit d'amour : « Pour Meta, mon cœur, mon jardin de jasmin, mon con d'avril et de mai ; ma toute blanche, mon matin blond, mon ailée, ma doucement ouverte, ma rassasiée de miel, ma fille au beau cul. Bill. »

Ainsi commença une longue liaison sensuelle, passionnée et douloureuse. Tous les six mois, dès qu'il avait terminé son travail de scénariste, Faulkner s'en retournait à Oxford, dans le Mississippi où il retrouvait sa femme et surtout sa fille Jill, dont il ne pouvait se passer. Meta l'attendait. Quand il revenait, elle se prenait à espérer qu'il romprait avec sa femme et l'épouserait. Sans doute y songea-t-il. Il restait ambigu : « Je vous veux pour moi pour toujours, mais je ne sais vraiment pas si c'est possible. » S'il pouvait quitter sa femme, il ne pouvait se séparer de Jill. Finalement ce fut toute sa famille et ses domestiques noirs qu'il installa à Hollywood, près de Santa Monica. Il venait de publier *Absalon ! Absalon !* qu'il dédia à Meta « où qu'elle puisse être ».

Comprenant que Faulkner ne l'épouserait jamais, Meta se rapprocha d'un soupirant, Rebner, un musicien, qui la demanda en mariage. Elle finit par accepter. Faulkner tenta de l'en dissuader sans vouloir pour autant quitter sa femme.

Faulkner écrivit *Tandis que j'agonise* sous le coup de la rupture. Sans doute autant que le livre aurait-il pu lui dédier la fameuse phrase qu'elle contient : « Entre le chagrin et le néant, je choisis le chagrin. »

Mais au bout de deux ans, le mariage de Meta commença à chavirer. Elle ne pouvait oublier Faulkner. Ils se revirent, vécurent ensemble à Hollywood, puis Meta revint avec Rebner qu'elle quitta à nouveau pour retrouver Faulkner. C'était l'époque où il recevait le prix Nobel. Leur amour devenait une fatalité : ils ne pouvaient lui échapper mais l'existence d'Estelle, la femme de Faulkner, les condamnait à vivre séparés. Meta espérait toujours. En Californie, sur le tournage d'un film, un télégramme mit fin pour toujours à ses espoirs : Faulkner était mort.

Cette pathétique histoire d'un amour en marge ne me consola pas. Bill et Meta, eux au moins, avaient vécu : ils s'étaient aimés, s'étaient fait souffrir. Mais que subsisterait-il de cette passion pour Béatrice restée dans les limbes ? Un vague à l'âme dédié à ce qui aurait pu être, une buée amoureuse qui s'efface. Dans toutes les déceptions qu'apporte l'amour, il reste au moins, même après l'expérience la plus cruelle, le sentiment d'avoir vécu. Tandis que cet amour sans consistance, sans concrétisation, avec son début qui ne débouchait que sur le vide, me laissa un sentiment plus violent que la frustration : j'étais furieux, révolté. Au lieu de cette irritation due à une passion esquissée, comme j'eusse préféré devoir à Béatrice un vrai et lourd chagrin.

Une jeune fille étreinte dans la mort

C'est une autre histoire, et c'est pourtant la même éternelle histoire. Il n'y a que les héros qui changent. Ce que poursuit Hemingway dans le viseur de son fusil, un vieux Purdey, ce ne sont pas les canards sauvages, fugitifs comme les nuages au-dessus de la lagune, c'est plus fugitive encore, sa jeunesse. En 1949, à Venise, il a cinquante ans. Même si les années de guerre comptent double, l'alcool l'a plus abîmé encore physiquement que les combats. Il a l'air d'un vieillard. Le poil gris, les yeux en mauvais état, la santé chancelante au point qu'il devra être hospitalisé, il cherche à retrouver l'insouciance de ses vertes années. Mais entre la jeunesse et lui, flottent les ombres de tant d'amis disparus, tous ces jeunes hommes happés par les deux guerres, qu'il a vus mourir près de lui. Espère-t-il que Venise, qui est elle-même un miracle, opérera ce miracle de lui rendre ses vingt ans, sa gaieté, ses illusions ? Alors il se croyait invincible, désormais il ne pense qu'à la mort. Cette mort qu'il a pourtant autopsiée sous toutes ses formes pour tenter de percer son secret : les morts au combat, les toreros vaincus par la corne du taureau, et ces animaux, canards, buffles, lions, espadons, qu'il a poursuivis d'une passion insatiable, comme s'il devait les affronter en combat singulier dans une mystérieuse ordalie.

Comble de la misère, il n'arrive plus à écrire. D'où ses stations au Harry's Bar, au Gritti. Hemingway joue les gais lurons. Mais tous les témoins de cette époque comme Arrigo Cipriani ne s'y trompent pas. Et s'il souffrait d'un mal terrible dont il ne voulait pas parler ? Il est mûr pour l'amour. Cet amour qui frappe dans la force de l'âge comme la foudre. Cette foudre que je vois aujourd'hui au-dessus de San Giorgio Maggiore cingler le ciel gris de Venise.

Elle a vingt ans. Même pas, dix-huit ans et demi. Un âge diabolique pour lui qui en a trente de plus. Elle est brune, belle, avec des yeux magnifiques, le visage enveloppé dans une lourde chevelure. Piquante, peu farouche, provocatrice, elle a cette liberté des jeunes filles de bonne famille émancipées. Adriana Ivancich traîne tous les cœurs après soi. Sa cousine, l'imposante comtesse Andriana Marcello, qui m'a convié dans un café sur le Campo San Giovanni e Paolo, en face de la statue du Colleone, a été sa confidente. Nous prenons un cappuccino tandis qu'une harpiste égrène ses mélodies au milieu des pigeons. La comtesse m'abandonne ses souvenirs : « Ça n'était pas la mode alors à Venise pour les jeunes filles de prendre des airs intellectuels. Elle et moi nous étions les rares à aimer lire. Ma mère me répétait : "Pour l'amour de Dieu, fais semblant de ne rien savoir, ne dis pas que tu as lu des livres sinon tu ne te marieras jamais !" »

Hemingway la rencontre aux environs de Venise, au cours d'une partie de chasse dans la propriété des Francetti, à San Gaetano. Elle tire à merveille et affronte la pluie sans une plainte. Ce caractère plaît au baroudeur.

Comme elle n'a rien pour coiffer son abondante chevelure trempée par la pluie, Hemingway brise son peigne et lui en offre la moitié. Le sort en est jeté. Il faut alors un peu d'imagination. Pas beaucoup. Venise donne des ailes aux songes. Ce qui aurait été plus surprenant, c'est comment un vieil écrivain sur le retour qui se poignarde de nostalgie, et une jeune fille qui se prend pour une intellectuelle, oui, comment auraient-ils pu faire pour ne pas tomber dans les bras l'un de l'autre ? Pour le maquerellage, Venise non plus n'a pas de rivale.

Ils se voient chaque jour. Au Gritti, au Harry's Bar. Ils boivent ensemble du valpolicella et de la grappa sous la surveillance pincée de Mary, l'épouse de Hemingway, qui regarde s'ébaucher ce fleurt avec une fausse indulgence. La mère de la jeune fille exerce aussi une vigilance à géométrie variable. On imagine le trouble des cœurs. On imagine bien l'âme toujours adolescente du vieil écrivain au corps fatigué qui voit soudain cette main tendue de la jeunesse. Quel pont des soupirs et qui conduit à quels supplices ! Et si on pouvait tout effacer, ces années inutiles, le poids du temps. L'ennui avec les écrivains, c'est qu'ils ne vieillissent pas, l'aiguille de leur cœur s'est arrêtée à l'heure de l'adolescence. Seul le corps les trahit. Que d'images se bousculent : Agnes von Kurowski, l'infirmière de Milan, qui l'a abandonné pour un capitaine, d'autres Italiennes et le sentiment bouleversant que cette jeune fille est la dernière, celle qui l'enchantera avant de lui fermer les yeux. Quant à Adriana, il est plus difficile de se mettre dans sa tête. Elle vient de perdre son père assassiné dans sa propriété de San Gaetano par des pseudo-partisans qui voulaient le spolier. Comment ne serait-elle pas sous le charme de Papa Hemingway que le destin place sur sa route ? Sa gloire la flatte. Il est difficile de se refuser à un homme qui, après avoir dompté tant de fauves, accepte de se coucher à ses pieds.

Mais que s'est-il passé exactement entre eux ? Pour parler plus net : ont-ils couché ensemble ?

Je décidais de mener l'enquête avec l'austère obstination du juge Alphen. Mon travail n'était pas aisé. Je n'avais pas de pièces à conviction et beaucoup de mobiles. Certes des témoins, mais peu fiables. Sans compter la prescription qui guette une affaire vieille de cinquante ans, dont les principaux protagonistes sont morts. Une instruction d'autant plus difficile à conduire que j'étais moi-même partial et prêt à innocenter les coupables. Pis ! je désirais ardemment qu'ils le fussent. Dans toute enquête qui se respecte, il y a une question importante à résoudre : la faisabilité, comme on dit dans le jargon administratif d'aujourd'hui. L'accusation principale se fondait sur l'aveu de Hemingway d'avoir fait l'amour, un soir, dans une gondole, en sortant du Gritti, avec une jeune fille qui ressemblait trait pour trait à Adriana. C'est du moins ce qui ressortait de son roman autobiographique, *Au-delà du fleuve et sous les arbres*.

Je m'adressai d'abord au meilleur des experts, à un gondolier qui prenait le soleil sur le petit appontement du *traghetto*, près du Gritti. Sans préliminaires inutiles, je l'interpellais dans mon italien approximatif :

— *Prego, é possibile di fare l'amóre nella gondola ?*

Les gondoliers en voient de toutes les couleurs. Celui-ci marqua un mouvement de surprise. Il faillit lâcher sa rame. Je vis dans son regard s'agiter beaucoup de suppositions injustement lubriques. Il se braqua et maugréa :

— *Non é possibile.*

J'insistai.

— *Niente, assolumente niente.*

Et il me tourna le dos.

Je ne me décourageai pas. Je poursuivis mes investigations auprès d'une très jolie femme de Venise qui a la réputation de ne pas avoir été trop farouche. Je l'invitai à dîner à l'hôtel Monaco sur le Grand Canal. Elle répondit à mon interrogation dans un français parfait avec cet irrésistible tutoiement des grandes dames vénitiennes vis-à-vis des interlocuteurs qu'elles rencontrent pour la première fois.

— Tu sais, je crois que c'est impossible. Encore plus difficile à faire que dans un hamac. Mais je pense que c'est le meilleur apéritif qui soit avant une très agréable nuit à l'hôtel.

Cette réponse me parut satisfaisante, mais je n'étais pas très avancé sur le point particulier qui me turlupinait.

À Venise, comme partout ailleurs, mais ici particulièrement, on est beaucoup plus intéressé par les histoires d'amour que par les livres. On se passionne beaucoup plus pour l'infidélité de George Sand avec Pagello qu'à *La Confession d'un enfant du siècle*. Aux aventures de Byron avec la Fornarina qu'au *Pèlerinage de Childe Harold*. Aussi à Venise, où cette histoire passionne, la ville est-elle séparée en deux camps irréductibles, comme à l'époque où les Da Ponte et les Da Canal se livraient une rixe meurtrière.

Il y a ceux qui, avec la famille Ivancich, pensent que Hemingway, en gentleman, est resté dans les bornes d'une affectueuse camaraderie avec Adriana, et les autres, les mauvais esprits, dans les rangs desquels je me range, qui pensent que les deux amoureux ne se sont pas contentés de siroter des bloody mary en se regardant dans le blanc des yeux. J'en parle avec la nièce d'Adriana, Orsina Scapinelli, tandis que nous prenons un jus d'orange chez Nico sur les Zattere. Ce jus d'orange sans le renfort de la moindre vodka était, je l'avoue, une insulte à Hemingway. Elle s'indigne :

— Toutes ces histoires d'amour de Hemingway avec ma tante sont de la fantaisie. Ils n'étaient jamais seuls. Ma grand-mère les accompagnait toujours. Ce n'était pas le genre de famille où l'on tolère ce genre de chose.

— On m'a dit qu'elle avait une très belle poitrine.

— C'est une tradition de la famille, me dit Orsina en bombant le torse.

J'acquiesce.

Évidemment la réputation d'Adriana aurait beaucoup moins souffert si Hemingway n'avait pas été un écrivain et s'il n'avait pas écrit un livre qui romance leur aventure. Dans *Au-delà du fleuve et sous les arbres*, elle apparaît sous les traits de Renata, une jeune comtesse vénitienne, alors que lui-même se dissimule sous les traits d'un colonel bougon, bavard et ivrogne, Richard Cantwell. Le roman se déroule à Venise et dans les environs. Ce sont les dernières vingt-quatre heures de la vie du colonel, revenu, tout comme Hemingway, sur les lieux de ses hauts faits de guerre en 1917.

Tous ceux qui, à Venise, ont suivi les épisodes de cet amour s'arrachent le livre. Ce qu'on commente le plus dans les cabines de bain du Lido, c'est bien sûr la scène de la gondole. Le colonel Cantwell après une soirée très arrosée au Gritti emmène sa jeune amie en promenade à travers Venise, non sans s'être muni d'une couverture militaire qui vise moins à la protéger du froid qu'à dissimuler leurs ébats. Mais quels ébats ? Toute la question est là.

Dans la scène de la gondole, il y a trois personnages ou plutôt quatre (ce qui fait beaucoup de monde sur une barque instable) : les deux amoureux, le gondolier et une bouteille de champagne bien frappée dans son seau à glace.

« Le vent était très froid et leur cinglait le visage mais sous la couverture il n'y avait plus ni vent ni rien ; rien que cette main délabrée qui cherchait l'île dans la grande rivière aux berges hautes et escarpées.

« "Oui, dit-elle, comme ça c'est bien."

« Il l'embrassa alors et il chercha l'île, la trouvant, la perdant et la retrouvant enfin pour de bon. Pour le bon et pour le mal, pensa-t-il, et pour le bon et pour tout.

Renata implore : "Je t'en prie, mets-là où il faut, ta main [...] Je t'en prie ne bouge pas. Puis bouge beaucoup." »

Cette main baladeuse semble assez explicite. Ce qui sonne faux dans cette scène, ce n'est peut-être que la vérité, une vérité que l'écrivain veut dissimuler sous des phrases comme il voulait dissimuler l'action des corps sous la couverture militaire.

La tragédie de Renata commençait. L'écrivain parti, elle ne put se libérer de son souvenir. Désormais entrée vivante dans la légende de Hemingway, elle ne pouvait plus en sortir. Quand il se suicida quelques années plus tard avec son fusil de chasse, elle eut une crise de nerfs. Elle épousa un armateur grec, puis un Prussien, von Rex, mais elle n'était pas faite pour le bonheur. En 1983, elle se pendit à un arbre dans sa propriété du nord de Rome. J'ai évoqué sa tombe à l'abandon dans le petit cimetière de Porto Ercole.

Peut-être au moment de se pendre Adriana a-t-elle eu une dernière pensée pour Papa Hemingway. Par ce suicide elle le rejoignait. Cette étreinte dans la mort les rapprochait une dernière fois. Pensa-t-elle alors à Venise, à la gondole dansante au sortir du Gritti, à la main qui la caressait ? L'avait-elle profondément aimé malgré ses dénégations qui ne prouvent rien ? Elle aussi n'aura dansé qu'un seul été : à Venise avec Hemingway en 1948. Et la vie, le plus impitoyable des usuriers, lui a fait payer ses rêves, comme Shylock, le marchand de Venise, avec son sang.

La bougainvillée de Tokay

L'amour ne peut vivre de sa propre substance. À nouveau j'avais besoin de rêves. J'emmenai Diana en Sierra Leone où un Anglais farfelu avait eu l'idée d'installer une poignée de bungalows en bois sur une plage déserte entre deux rivières paresseuses si accablées de chaleur qu'elles stagnaient, incapables de trouver en elles l'énergie nécessaire pour franchir leur embouchure et s'ébrouer dans l'océan. Entre *river number one* et *river number two* se dissimulait ce petit paradis cerné par la sauvagerie auquel on accédait de Freetown, capitale de la désolation, par un steamer quinteux, qui laissait derrière lui un sillage de rouille ; le navire mouillait son ancre en face de la plage ; des barques à fond plat conduisaient jusqu'à un débarcadère hors d'usage ; on retroussait son pantalon, on relevait sa jupe, et on était assigné à résidence dans cette cocoteraie du bout du monde jusqu'au retour du prochain bateau. On pouvait y vivre aussi bien qu'y mourir sans que cela posât le moindre problème. Les vautours qui tournoyaient sans répit dans le ciel étaient là pour nettoyer le terrain.

En attendant, une jolie petite sœur noire des missions, sa cornette blanche prête à déployer ses ailes, officiait devant une boîte à pharmacie qui ne contenait plus que quelques cachets de médicaments périmés et dont la principale ressource résidait dans sa croix rouge délavée.

On dégustait le matin des pancakes à la banane arrosés de sirop d'érable. Devant soi, on avait la frise immuable d'une mer grise, frangée d'écume, sur laquelle rebondissait un soleil sans faiblesse. Le bungalow aux planches disjointes laissait libéralement circuler les moustiques, les araignées, quelques timides serpents, des margouillats s'exerçant à la varappe et une famille attachante de cafards. Diana allait se baigner. J'observais son long corps de statue s'immerger dans l'écume. À l'ombre de la véranda en bois, le regard perdu, enveloppé dans la fumée d'un cigarillo, je me noyais dans la contemplation de la mer grise et du ciel. Parfois je fixais longuement une petite bougainvillée aux fleurs fuchsia qui me semblait détenir une part de la grâce du monde. Je faisais ce que j'ai toujours fait : j'attendais. Quoi ? Je l'ignorais. Un signe, un visage, que sais-je ?

Quand nous étions las de nos pérégrinations immobiles, une longe barque à fond plat nous promenait dans le lacis des bayous sur la rivière *number one*. Les arbres semblaient pousser à l'envers, ne révélant que la touffe inextricable de leurs racines. Dans ce paysage uniforme de labyrinthe décoloré par le soleil, la barque filait sur l'eau immobile au milieu de paisibles caïmans. Parfois notre passage intempestif levait une outarde qui décollait en défroissant bruyamment ses ailes et en poussant des cris discordants.

Aucun événement ne se produisait. Sans radio, sans journaux, sans téléphone, le temps semblait s'être arrêté. Un même jour se reproduisait aussi immuable que s'il s'enfantait lui-même à l'infini. Il produisait cet ennui africain si particulier né de l'uniformité climatique. Comment ces pays nonchalants pourraient-ils enfanter un Aristote, un Leibniz, un Descartes, un Einstein, un Freud ? Ici aucun aiguillon, ni du passé ni de l'avenir ne pousse à se dépasser. La mélancolie, le regret comme l'angoisse sont inconnus. Le présent est le seul temps autorisé. Un présent lourd de touffeur humide, qui vous jette sur une chaise longue en rotin, et épointe les épines de la conscience occidentale. On s'assoupit peu à peu dans la somnolence des désirs, des ambitions, on se résigne à une abdication générale du vouloir vivre.

Seul le cigarillo qui emplit la gorge d'une fumée âcre permet de lutter. Il procure une accélération du pouls et maintient un petit faisceau de clairvoyance.

Le soir tombait brutalement à cinq heures. Un opaque rideau de nuit nous enfermait dans le bungalow pour un tête-à-tête avec les moustiques, les papillons qui se livraient à un Pearl Harbor autour de la lampe à pétrole. Ils se jetaient sur la lumière. Un grésillement signalait leur immolation. Avec le bruit des vagues, c'était la seule distraction apportée au silence.

Le soir, après le dîner au *lodge*, on gagnait le bar installé à même le sable. Un crincrin diffusait un inusable disque de Bob Marley, *Get up*. De manière lascive et chaloupée, le chantre caraïbe prônait la révolte contre le pouvoir blanc, l'insoumission à l'injustice, la conquête de l'égalité des droits civiques. Ce chant violent semblait ici purgé de toute agressivité et aussi inoffensif qu'une comptine : le whisky sauer, la douceur du sable sous les pieds, le charme des lampes tempêtes qui se balançaient sous la brise marine semblaient conjurer tout message vindicatif et n'en conserver que la mélodie suave comme un jus de mangue.

À tâtons, on regagnait le bungalow en suivant sur la plage l'écume des vagues qui réverbérait l'éclairage de la lune. Sur la véranda avant de gagner notre couche étouffante nous nous laissions caresser par l'haleine de l'Afrique rafraîchie d'air marin. Diane se métamorphosait. Avec la nuit lui venait des audaces ; la statue s'animait ; Penthésilée déposait ses armes et retrouvait le chemin de la féminité et de la tendresse. Sur les murs de planches, la lampe à pétrole projetait des ombres fantastiques. La volupté se désincarnait pour créer un ballet d'ombres chinoises. Comme si nos gestes, cessant de nous appartenir étaient redistribués dans le rituel de la nuit africaine.

Aimais-je toujours Diana ? Cette parenthèse tropicale qui donnait tant d'images évitait que je me pose la question. Et puis le temps n'avait-il pas disparu ? Nous l'avions laissé ailleurs avec nos vêtements d'hiver, nos saisons occidentales. Mais ce n'était qu'un crédit accordé à un taux usuraire. Il faudrait bien un jour lui rendre des comptes. Je n'imaginais pas alors ce que deviendrait ce paradis qui semblait ne devoir jamais rencontrer l'histoire. La mélopée de Bob Marley s'est muée en hymne barbare. La jeune missionnaire de l'infirmerie a probablement été violée et mutilée par les troupes d'enfants soldats. Le barman aux bons yeux blancs n'a plus de bras pour secouer le shaker avec lequel il confectionnait des punchs surréalistes. Le *lodge* si paisible entre les deux rivières n'est plus qu'un tas de cendre et de charpentes brûlées. La Sierra Leone a le malheur inscrit dans ses gènes. Sur la rivière *number one* flottent maintenant des cadavres d'enfants élagués de leurs membres, leur ventre rond et noir brillant sous le soleil.

J'emmenai Diana dans d'autres coins d'Afrique, en

Casamance dans les forêts de kapokiers ; au Mali, sous les falaises de Bandiagara, chez les Dogon qui gardent le souvenir de Marcel Griaule ; au Kenya, sur le lac Rodolphe, qui semble conserver dans ses vases je ne sais quels effluves délétères des Wittelsbach. Là, dans un champ de fouilles où Louis Leakey a découvert un petit-cousin de Lucy, l'ancêtre de l'humanité, j'empruntais quelques ossements fossilisés : parfois quand j'observe ces tibias, ces vertèbres dérobés à la science paléontologique, je me demande si je n'ai pas fait obstacle à la reconstitution d'un australopithèque datant de millions d'années. Peut-être mon indélicatesse a-t-elle fait reculer durablement les lumières de la science ?

Diana au cours de ces voyages bravait la chaleur, les désagréments, l'inconfort, sans la moindre plainte. Elle supportait tout. Où qu'elle se trouvât, elle semblait transporter avec elle la parcelle d'un frais gazon du Kent ou d'un coin de fraîcheur des bords de la Cam.

Mais c'est de la Sierra Leone que me vient un sentiment de malaise. Je ne puis y laisser promener des souvenirs. On m'a volé la chanson de Bob Marley, le rameau de bougainvillée et ses fleurs aux couleurs fuchsia, la plage entre les deux rivières, le bungalow aux ombres dansantes. Pourtant les souvenirs sont les seuls d'ordinaire à pouvoir être préservés de l'horreur. D'où vient qu'ils me semblent massacrés eux aussi ? Je les croyais invincibles. J'avais tort. On peut tuer aussi des souvenirs en ravageant les lieux qui les gardaient.

La fille de Samos

Une jeune fille apparut. Elle avait de longs cheveux blonds et ressemblait à un ange. Elle souriait mais ce sourire ne parvenait pas à dissimuler une expression de tristesse. On la sentait fragile, prête à tout donner sans contrepartie. Une de ces créatures que chérit particulièrement le malheur. En face d'elle, je me sentais lourd, brutal, maladroit. J'avais peur de la blesser. Sa jeunesse, sa beauté m'affolaient. Je me jurai de ne rien tenter contre elle. Diana était dans ma vie. Elle revint me voir. Elle se passionnait pour les livres d'enfants. J'espérais qu'elle ne reviendrait pas. Mais un jour je la vis à nouveau comme si elle savait son sacrifice inéluctable. Je tentais de la prévenir en ne lui dissimulant rien de mes ombres. Elle prit mon aveu comme une preuve d'honnêteté. « Je me méfie toujours des hommes qui se prétendent des types bien... » Et, en me foudroyant d'un nouveau sourire, elle me lança : « Je vous aiderai à devenir meilleur. »

J'étais désarmé. Une telle gentillesse aurait attendri Landru lui-même. Nous passâmes une douce nuit, fragile comme un songe. Ses cheveux sur mon visage balayaient mes scrupules. Je la revis encore. Les nuits avec elle me semblaient chastes. Comme si son corps, comme celui des saintes, ne pouvait être profané. Nous étions à la veille de l'été.

— Où irez-vous ? lui demandai-je.

— Je serai en Turquie.

— Et si je vous rejoignais ?

L'idée avait fusé. Elle sourit, l'air incrédule.

— Ce serait romanesque.

C'était le mot à ne pas prononcer.

Deux jours plus tard, je partais avec Diana pour le Midi. Elle conduisait un coupé Lancia. Nous atteignîmes les premiers oliviers, les cigales, le parfum des melons, le Rhône, puis la Durance, avec la palette bleue des Alpilles. Nous dormions dans de petits hôtels vétustes parfumés d'encaustique et d'ail.

Nous rejoignîmes une bastide cachée dans les vignes où une amie de Diana nous avait ménagé une retraite secrète. Une maison en pierres toute en souterrains d'ombres fraîches et de fontaines.

Au bout de trois jours dans cette paix, mon démon se réveilla. J'appelai l'ange blond en Turquie.

— Je viens, dis-je. Retrouvons-nous dans l'île de Samos.

Je croyais alors que Samos était l'île du bonheur. Dans une autre vie n'y avais-je pas goûté des ivresses brûlantes ?

J'annonçai mon départ à Diana. Je ne sais quel prétexte je trouvai à ma fuite. Son visage se ferma. Contrairement à moi, elle refusait de chercher des explications aux choses incompréhensibles. Elle s'appliqua à l'indifférence. Je partis.

Rien ne m'aurait résisté. Rien n'aurait pu faire obstacle à l'appel du rêve.

Je bouclai mon sac et je m'envolai. Quelle fièvre m'habitait. Sur l'aéroport de Marignane, déjà je sentais le parfum des jasmins de la Grèce, je dévorais l'avenir, je devançais le bonheur. Je brûlai les étapes : Paris, Athènes défilèrent. Bientôt par le hublot, je vis s'égrener le chapelet blanc des Cyclades. Lorsque l'avion atterrit sur la piste de l'aéroport de Pythagorion, il me sembla que je ne pourrais résister à ce bonheur. Un doute me transperça. Était-elle là ? N'avait-elle pas changé d'avis ?

Dès que je mis le pied sur la passerelle, je l'aperçus. Elle m'attendait dans une robe d'été rouge. J'allai vers elle. Je l'embrassai. Et soudain quelque chose se brisa. Cette jeune fille que j'avais devant moi, c'était une autre, ce n'était pas celle que j'avais rêvée. Certes elle était belle, jeune, blonde, aimante, tendre, comme l'autre, mais il lui manquait une qualité qui n'appartenait qu'à l'autre. La jeune fille qui se tenait devant moi n'était pas celle que j'avais rêvée. J'étais floué. On m'avait trompé.

Dès lors la nuit tomba sur Samos, éteignant le soleil, voilant le ciel bleu, la mer à l'éclat de saphir. J'en voulais à Anouchka d'avoir usurpé la place de celle que j'avais voulu rejoindre, pour laquelle j'avais bravé tant d'obstacles et de fatigue, celle pour laquelle mon cœur avait battu ; celle avec laquelle j'avais déjà parcouru en imagination chaque parcelle de cette île. Il ne demeurait que l'enveloppe sèche d'un rêve épuisé de sa substance. Devant moi, il n'y avait plus qu'un être réel ; une présence que ne parait plus aucun sortilège. Je lui en voulais. Et plus encore à moi-même.

La malchance s'acharna sur nous. Aucune chambre n'était disponible. Après d'harassantes recherches sous le soleil, nous échouâmes dans le cagibi sans air d'une maison moderne non encore achevée qui sentait le plâtre. C'était comme si la Grèce avait succombé sous un hiver torride. Je ne voyais plus sa lumière. J'avais beau me baigner, l'eau ne caressait plus mon corps ; les magnifiques paysages que nous parcourions à moto me semblaient aussi insignifiants que des chromos ; j'aspirais de toutes mes forces les parfums de lavande et de romarin, je ne sentais rien. Je regardais avec haine l'insupportable visage de celle que j'avais cru aimer. Je regrettais d'avoir quitté Diana. Le reproche de l'avoir trahie me hantait. Ma faute me poursuivait. Je la buvais dans mon verre d'ouzo où, à la tombée de la nuit, je cherchais refuge dans la torpeur.

Quand je me retrouvais à ses côtés sur notre couche étroite, j'évitais le contact de son corps. Loin de m'attirer, il ne m'inspirait plus que du dégoût. Où donc étaient passés sa beauté, son charme ? Sa gentillesse, sa compréhension me pesaient. Son indulgence m'horripilait car elle offrait à ma mauvaise humeur et à mes injustes reproches un sourire indéfectible. Je la haïssais de n'offrir aucune résistance à ma rancœur.

Je n'avais plus qu'un espoir. Qu'elle parte ! Chaque jour j'espérais que ma mauvaise humeur l'engagerait à prendre ce parti.

Enfin, après une scène particulièrement violente pour un motif dérisoire, elle me fixa avec des yeux humides de larmes. Elle me demanda :

— Vous préférez peut-être que je vous laisse seul ? J'ai l'impression de ne pas vous rendre heureux.

— Oui, dis-je soulagé. Ce serait peut-être mieux.

— Un bateau part demain pour Bodrum. Voulez-vous que je le prenne ?

Je me retins pour ne pas laisser éclater ma joie.

— Oui, dis-je, je crois que c'est la décision la plus sage.

La vie commença à reprendre des couleurs. J'attendis ma délivrance avec fièvre. Pourvu que le vent n'empêchât pas le bateau de partir. Cette nuit-là, je m'endormis d'un lourd sommeil.

Je l'accompagnai au port. Je portai son sac sur le bateau. Enfin celui-ci largua ses amarres.

Je respirai. Aucun contretemps ne s'était mis sur mon chemin. Je lui fis signe de la main tandis que le bateau s'éloignait. Bientôt il dépassa le môle et gagna la haute mer. Je m'éveillai alors de mon cauchemar. Pourquoi était-elle partie ? Je me mis à la regretter. J'avais envie de crier pour lui demander de revenir. J'escaladai le promontoire afin de suivre le bateau des yeux. Était-il possible qu'il revienne ? Quelle prière pouvais-je adresser pour qu'il fasse demi-tour ? J'étais déchiré. La jeune fille merveilleuse que j'avais imaginée en arrivant m'apparaissait à nouveau. Pourquoi ne pouvais-je l'étreindre ? Pourquoi avait-elle disparu ?

Le soir sur le port, je fis connaissance avec un compagnon bien plus cruel : le désespoir. Il m'attendait. Il ne me lâcha plus pendant les quelques jours que je passai dans cette île maudite.

J'errais à travers les paysages que nous avions traversés tentant de ressusciter le bonheur. Mais comment réparer de tels saccages ? Ce crime contre l'amour, donc contre la vie, je ne me le pardonnais pas.

— Bon Dieu, dis-je, mais qu'est-ce que tout cela signifie ?

L'amour ne donne pas de seconde chance

L'amour ne donne jamais de seconde chance. Pourtant Anouchka revint. Elle me pardonna. À force de tendresse, je tentais de lui faire oublier ce moment de folie. Son visage n'exprimait aucun sentiment de rancune. Elle était douée pour le pardon. Souvent je me disais que je devais prendre modèle sur elle : être capable de tout accepter de l'amour, son miel comme son vin amer. Cette jeune fille me dominait par sa sagesse. Elle n'évoquait jamais l'incident de Samos, pas plus que s'il n'avait jamais eu lieu. Moi il me ravageait. J'y pensais sans cesse. Qui pouvait m'en délivrer ? Ma faute m'emplissait de honte. Quand je la serrais dans mes bras, je respirais le parfum de l'île maudite.

J'étais si empressé à reconquérir Anouchka que j'en oubliai Diana. Certes je la voyais mais je ne la regardais plus. Nos rencontres et nos gestes devenaient machinaux. S'en apercevait-elle ?

Sans m'en rendre compte je baissai la garde. Je ne me préoccupais plus de lui dissimuler ma liaison avec Anouchka. Non que je souhaitasse lui en faire l'aveu, mais je pressentais que le hasard se chargerait de lui faire découvrir une vérité tout en m'économisant une cruauté ou un courage inutiles. La souffrance vient bien assez tôt. Point n'est besoin de devancer l'appel. Je m'abandonnais à cette éventualité avec fatalisme.

Un jour, je reçus une lettre particulièrement tendre d'Anouchka ; elle y exprimait de manière explicite et passionnée les élans de son cœur. Aussitôt je fus conscient de sa gravité, de son pouvoir explosif. Je la plaçai bien en évidence sur mon bureau afin de ne pas oublier de la dissimuler. Mais je fus distrait de cette sage précaution. Or oubliant l'existence de cette pièce à conviction, j'avais laissé Diana seule chez moi.

Quand je revins, la porte d'entrée était grande ouverte, ce qui m'étonna. Quelle ne fut pas ma surprise de voir que l'appartement offrait le spectacle d'un ravage comme s'il avait été saccagé par le passage d'un cyclone. Je crus à un cambriolage. Mais vite je me rendis à l'évidence : Diana s'était acharnée sur les bibelots qu'elle avait brisés ; les tableaux gisaient sur le sol, leur cadre fracassé. Sur les murs étaient tracés des inscriptions ordurières qui me vouaient aux gémonies.

Cette fureur me soulagea. Ainsi tout était dit. Du moins je le croyais. Mais Diana revint bientôt à la charge. Il y avait dans son regard une flamme meurtrière qui n'était pas sans charme. Peu d'êtres ont réellement le désir de vous tuer. Tout ce que son caractère avait amassé de violence contenue s'exprimait grâce à moi. L'orage dura longtemps. J'en comprenais mieux que quiconque les raisons. Mais que pouvais-je alléguer pour ma défense ? Je n'avais rien à dire. Mon mutisme augmentait sa fureur. La vie seule portait la responsabilité de ce gâchis, la vie qui nous jette, sans égard pour autrui, là où nous devons être.

Ne pouvant rien tirer de moi, elle partit en claquant la porte.

Cet amour finissait comme il avait commencé, dans l'incohérence, l'irraisonné, la violence et la tendresse mêlées. Anouchka, la douce, et Diana, la farouche, coexistèrent quelque temps. Puis elles s'effacèrent comme si elles étaient reliées à une époque révolue de ma vie et n'avaient existé que pour m'offrir les deux visages d'un même amour. J'étais maintenant seul, c'est-à-dire à nouveau en face de moi-même.

L'éternel retour

Pendant les dernières années de sa vie, Ouspensky, un mage russe disciple de Gurdjieff, entreprit de revoir les lieux qui avaient été le théâtre de sa vie. Il revint ainsi à Berlin, à Prague, à Paris, visiter les endroits où il imaginait que se conservait l'empreinte de ses amours, de ses pensées, de ses souffrances, de ses bonheurs. Il croyait que non seulement les lieux nous inspirent mais que nous leur laissons le parfum de notre âme. Il voulait se retrouver, rejoindre celui qu'il avait été, l'étudiant pauvre, le jeune homme épris d'ésotérisme et de kabbale, le chaman respecté. Quelle opération alchimique tentait-il d'opérer en renouant avec les fluides mentaux qu'il avait essaimés au cours de ses pérégrinations ? Cette fantaisie peut paraître une extravagance de Russe illuminé. Ouspensky croyait au mythe de l'éternel retour qui, selon lui, ramènerait son esprit dans ses différents séjours terrestres. Il s'agissait donc d'une sorte d'ultime repérage avant le grand saut. Il se familiarisait avec son ombre comme Charles Quint s'habituait à l'austère solitude de l'outre-tombe en dormant chaque nuit dans son cercueil.

Je comprends la délicieuse folie d'Ouspensky. J'aime cette idée que nous laissons partout où nous passons une intime part de nous-mêmes, comme un trésor enfoui qu'on pourra à loisir aller chercher dans les heures oisives, au-delà du temps, que nous ménage l'autre rivage. Comme il sera doux de redescendre avec le soir vers des paysages où l'on a aimé, des plages où l'on a étreint des corps qui ont eux aussi rejoint la poussière.

Quel calme doit régner de l'autre côté de la vie, quand les passions ont épuisé leurs ardeurs, quand la joie et la souffrance ne sont plus reliées à aucun nerf, et qu'on porte sur l'existence l'indulgent regard avec lequel on s'amuse du jeu des enfants, de leurs querelles et de leur agitation. Ainsi tout n'était qu'un songe !

Quelques images surnagent-elles de cette ivresse dissipée ?

Il me semble pourtant voir une felouque sur le Nil, à Assouan, qui hisse sa voile latine, couleur ocre, et qui, favorisée par une risée, nage dans l'eau peinte en rose. Connaîtrai-je alors le secret de l'île de Samos ? La clé de ses envoûtements me sera-t-elle révélée ? Aurai-je la permission d'y venir rôder, le soir, devant l'aqueduc d'Eupalinos ou de m'attarder près de l'échoppe du barbier, sur le port de Pythagorion, pour humer ses odeurs de citronnelle et de mousse à raser ? Quant à retourner en pèlerinage dans cette chambre sur la mer qui a laissé à ma bouche tant de saveurs d'amour, je ne m'y risquerai pas. Je craindrais trop de regretter ma vie perdue ; pourquoi se poignarder de nostalgie pour ce corps qui a épuisé ses facultés de plaisir ? À quoi sert de réveiller les bonheurs fanés d'une autre vie quand on ne dispose plus d'un corps pour les étreindre ?

Et si tout n'était que messages, signes, correspondances que nous tentons de déchiffrer maladroitement avec nos lèvres, notre sexe ? Une énigme tracée dans une langue mystérieuse.

Quand le soir tombe, je revois les murs de Jérusalem au-dessus de Gethsémani ; j'étais sur le mont des Oliviers avili par des constructions incohérentes, envahi par les touristes qui s'agglutinent autour de marchands de souvenirs, comme si par cette kermesse, ils voulaient échapper à la suggestion grandiose du lieu ; je m'efforçais de porter mon regard au-delà du parking, des autocars. Je voulais me raccrocher à un indice, à un témoignage, qui me parlât de cette langue de la Bible que le monde moderne semblait avoir ensevelie sous ses gravats. Soudain, j'aperçus un âne gris sur le terre-plein au milieu des papiers gras ; le pelage poussiéreux, il cherchait sa pitance dans les touffes d'herbe rase. Dans son doux regard d'éternelle victime, je vis surgir un monde oublié. C'était le signe que j'attendais. La réalité décevante s'effaçait ; la vraie vie, celle du rêve, de la légende, s'y substituait et imposait sa lumière.

TROISIÈME PARTIE

LA LUMIÈRE DE L'ITALIE

Place Saint-Sulpice

Sur la place Saint-Sulpice flottait un air doux et sucré. Il semblait contenir des provisions d'optimisme. La matinée s'épanouissait. Je pensais à Hemingway, à cause du printemps, du lieu : je l'aurais bien vu déboucher dans le soleil au coin de la rue Férou, tourner légèrement à droite pour descendre la rue Bonaparte et passer ainsi à côté de moi près de la fontaine ; cette impression était si forte que j'aurais presque pu toucher sa chemise à gros carreaux. Il allait chez Lipp où l'attendait un cervelas à la vinaigrette. Absorbé dans mes songes, je bousculai légèrement une jeune femme blonde. Je m'excusai.

Elle sourit de mon embarras. Je balbutiai :

— Je pensais à Hemingway... c'est-à-dire... il venait souvent ici, vous savez...

Elle me regardait avec une expression pleine d'indulgence. Ce que je remarquai d'abord ce fut sa beauté mais plus encore l'air de bonté qui émanait d'elle, de ses yeux rieurs. Était-ce le soleil qui l'éclairait ou je ne sais quel charme radieux, elle me sembla lumineuse.

J'avais l'impression de l'avoir déjà vue. Mais peut-être était-ce dans une autre vie ou alors dans un roman de Hemingway.

— Savez-vous où se trouve la librairie La Procure ?

— Oui, répondis-je, vous la voyez là-bas, on la distingue sous les arbres.

— Merci, dit-elle. Au revoir.

Je demeurai abasourdi et stupide. Pourquoi n'avais-je pas saisi l'occasion pour engager la conversation ? Je finis par me rendre au café de la Mairie où j'avais rendez-vous. Je commandai un café. La personne que j'attendais était en retard. J'éprouvais un malaise. J'étais mécontent de moi-même : quel idiot j'étais ! Pourquoi ne l'avais-je pas accompagnée à la librairie ? Peut-être y était-elle encore. Je me levai et me précipitai sur la place. Je courus jusqu'à La Procure. À cette heure, les clients ne se bousculaient pas. Je passai du rayon des sciences humaines à celui des livres d'art, sans apercevoir d'autres personnes que des vendeurs oisifs, empressés à me renseigner. Hélas ils ne pouvaient rien pour moi.

Sur le seuil de la librairie, je me sentis soudain dépossédé, appauvri : une promesse de bonheur venait de s'envoler.

Je regagnais le café de la Mairie. La journée était gâchée. L'église avec ses clochers inégaux avait pris un air patibulaire.

Je retrouvai mon café froid et l'homme avec lequel j'avais rendez-vous. C'était un moustachu assez jovial qui se mit à m'entreprendre dans une langue qui me paraissait étrangère. Au début j'essayais de saisir ce qu'il me disait mais, très vite, je perdis pied. Certains mots avaient beau avoir des consonances familières, leur association entre eux me paraissait hermétique. Pourtant mon interlocuteur s'animait. Il se voulait convaincant. De temps à autre je hochais la tête pour ne pas le décourager. Quand il se leva et me serra la main, je compris avec soulagement que l'entretien se terminait. J'étais injuste avec cet homme. Il ne m'avait pas beaucoup gêné. Tandis qu'il me parlait, j'avais eu le temps de retourner plusieurs fois à La Procure, de recommencer la scène de la rencontre avec la jeune femme blonde en ménageant des suites favorables. Maintenant qu'il s'en allait, qu'allais-je devenir ? Je ne pouvais tout de même pas retourner à la librairie.

Je décidai de déambuler dans les petites rues creusées dans l'ombre de la grande église. Peut-être s'était-elle attardée dans les parages ? Mais j'eus beau la chercher, elle avait disparu. Je ne retrouvai à chaque coin de rue que mon regret. Las de me faire souffrir, je décidai de rentrer chez moi.

Le lendemain son visage commença à s'effacer. La précision du souvenir s'estompait. Cela m'attrista.

Deux jours plus tard, je n'y pensais plus. La belle inconnue avait rejoint le cimetière des êtres croisés, des femmes manquées, des regards échangés sans lendemain, des promesses non tenues, des trahisons non consommées, des adultères virtuels, de tous ces rendez-vous qu'on manque pour une raison inexplicable et qui laissent dans le cœur un sentiment désolé. C'est une nécropole qui pour moi commençait à devenir assez vaste avec ses tombes uniformes qui ne portent aucun nom, parfois seulement une date, comme les mausolées des Alyscamps, en Arles, dans l'ombre rouge.

Une semaine passa ainsi. La vie avait repris le dessus avec son cortège d'insignifiantes médiocrités. Je ne pensais plus à l'inconnue. Quelques jours plus tard, le hasard me conduisit dans une librairie au carrefour de l'Odéon. Je remontai la rue de Seine afin d'admirer les gravures exposées chez un marchand d'estampes.

Mes pas m'entraînèrent ; je me laissai glisser le long de la rue Saint-Sulpice. Je débouchai sur la place et je me dirigeai vers la station d'autobus pour attendre le 63. C'est un bus qui m'inspire toujours. Il a beau avoir perdu sa plate-forme où dans la jeunesse on livrait ses cheveux au vent, il garde un air de nostalgie. Chaque jour, il emmenait les jeunes filles du XVIe arrondissement qui allaient fleurir les bancs austères des amphithéâtres de la Sorbonne et de la faculté de droit. Il les ramenait à la nuit tombante, grisées d'avoir entrevu les perspectives philosophiques que leur faisait miroiter François Chatelet ou Vladimir Jankélévitch, laissant un léger trouble dans leur regard, comme un écho de l'ineffable.

Au moment où passant devant le café de la Mairie, j'allais atteindre la station du bus, je me trouvai face à la jeune femme blonde.

Elle me sourit.

Je la regardai avec une expression d'incrédulité. On a beau croire à la providence, elle se manifeste plus rarement que la folie. Étais-je l'objet d'une hallucination ?

Sa voix me ramena à la réalité.

— J'étais certaine de vous rencontrer ici. J'en avais le pressentiment.

Il y avait dans sa voix un mélange de douceur et d'assurance. Je sentais que dès lors les choses ne m'appartenaient plus. Il fallait s'abandonner au dieu des circonstances.

— Je suis italienne, me dit-elle, tandis que nous marchions vers le jardin du Luxembourg. J'habite Rome.

Elle s'appelait Stella.

Le lendemain soir elle vint chez moi. Tout alla très vite. Il n'y a que les femmes légères qui hésitent à se donner. Elle ne l'était pas. Je l'aimais aussi pour la gravité qu'elle mettait dans l'amour.

La mort d'un chevalier

Une détonation retentit. Elle m'éveilla de ce sommeil de l'incuriosité qui nous menace. Je me rendis dans la chapelle des Invalides où l'on célébrait les obsèques d'un chevalier. Des voûtes pendaient des drapeaux en lambeaux comme si c'était tout ce qui restait de l'histoire de France : ces morceaux de tissus décolorés, déchirés, brûlés, au bout de leur hampe, donnaient de la gloire une illustration tragique ; eux aussi étaient des spectres, des équivalences de ces squelettes qui, dans les fresques nocturnes de Raffet, reviennent hanter les champs de bataille. Ils vibraient encore de la ferveur des mains qui les avaient maintenus au-dessus de la mêlée des armes, de la fournaise du canon, de l'odeur âcre de la poudre. Force du symbole, puissance des signes, leur présence donnait le frisson. Ils manifestaient la grandeur de passions vaines. J'avais beau faire un effort pour me recueillir, j'étais ailleurs. Je savais que je venais trop tard. Ni la voix d'Anna Prucnal qui chantait une berceuse polonaise, ni les oraisons qui faisaient résonner les mots « honneur », « gloire », « grandeur », « courage » dans le seul lieu où ils ne semblaient pas déplacés, non, rien ne pouvait me retenir. Je m'évadais en dépit du service d'ordre, des officiels en tenue funèbre, de l'escouade de légionnaires à képi blanc qui, dans la cour d'honneur, porteraient la dépouille d'un pas dansant, comme si eux seuls détenaient le privilège de connaître les usages de la mort.

Je gagnai la rue de Babylone, là au coin du square Boucicaut, où si souvent je l'avais observé, immobile, le visage levé vers le ciel comme si du haut d'un immeuble, à une fenêtre, une jeune fille agitait pour lui son mouchoir. Son visage de Mexicain et ses yeux clairs lui donnaient une expression tendue et extatique. J'ignorais alors que cette image me poursuivrait.

Combien de fois ai-je vu ainsi Romain Gary, en toute saison, dans cet étroit périmètre, sans oser lui parler ? Qu'aurais-je pu lui dire ? Je n'avais lu aucun de ses livres. Pis, je ne pensais pas même qu'ils pussent un jour s'adresser à moi. Il y a ainsi une part de la littérature que, pour une raison mystérieuse, on croit réservée aux autres. On la regarde de loin, comme un pays où on n'est guère pressé d'aller, avec le pressentiment qu'on n'a pas d'affinités avec elle. J'imaginais que Gary écrivait pour d'autres que moi. Cela ne m'empêchait pas de le respecter comme écrivain, comme un homme qui porte la livrée des hautes préoccupations de l'esprit, pour employer le langage surchauffé de Barrès. J'ai toujours éprouvé un religieux respect pour ceux qui tiennent un stylo, un pinceau, avec lequel ils tentent de nous montrer le chemin d'une étoile.

Peut-on admirer quelqu'un pour cela seulement qu'il est un écrivain ? L'aborder pour lui dire qu'on l'admire sans avoir lu un traître mot de lui cela avoisine la stupidité. Surtout dans l'âge mûr. À dix-huit ans cela peut se concevoir. Au contraire c'est émouvant. Mais je n'avais plus dix-huit ans depuis longtemps quand je croisais Gary rue de Sèvres, à l'angle du boulevard Raspail, où il achetait son journal, à un jet de pierre de l'Abbaye-aux-Bois qui a vu le crépuscule de Mme Récamier.

Et puis Gary avait mauvaise réputation. Il n'était pas de bon ton de le lire. On le disait fini. On murmurait d'un air condescendant que le mince talent qui lui avait valu le Goncourt, et la célébrité qui l'accompagne, s'était tari. On prétendait qu'il se répétait. On a beau savoir que les réputations littéraires sont aussi fluctuantes et infondées que beaucoup d'autres et que là aussi beaucoup d'escrocs y font figure de belles âmes, cette impression suffit parfois à laisser un livre fermé ; ou à ne pas poursuivre au-delà des premières lignes. On se dit qu'on a le temps. Tant d'œuvres nous attendent. Et c'est ainsi que nous commettons sans le savoir, chaque jour, une petite injustice, qui n'est pas très grave, car les bons écrivains ont la vie dure, mais qui accroît le formidable potentiel de mensonges et d'impostures qui nous entoure. Avec Gary, je me promettais sans cesse d'en avoir le cœur net. Et j'ajournais ce rendez-vous jusqu'à cet instant où la détonation éclata rue du Bac.

À dix-huit ans, déjà, c'était une autre détonation qui avait décidé de mon destin littéraire : le bruit du suicide de Drieu m'était parvenu. Je le lus aussitôt, déchiffrant avidement dans son œuvre ce qui avait pu l'amener à se tuer et me persuadant ainsi de ce terrible pouvoir des mots : s'ils pouvaient conduire à la mort, ils pouvaient tout aussi bien aider à vivre. Que leur ai-je jamais demandé d'autre ?

Depuis qu'il est mort, Gary s'est mis à exister. Le funèbre liseré noir qui marque ses livres accentue leur ton de sarcasme, de dérision, de farce tragique. Seul Céline nous donne comme lui ce sentiment de l'immense farce morbide de l'existence. Il est vrai que l'un et l'autre ont connu le visage sans fard de la guerre. Il faut avoir une bonne dose d'humour pour réussir à surmonter certains souvenirs : un ami embroché au coin d'un bois, une famille entière dont les membres pendent dans les arbres après un bombardement, l'incurie, la stupidité, la malveillance, qui déjà sont insupportables dans la plate vie civile, ouvrent alors des vannes de souffrances et de sang. La guerre, grand accélérateur de haines et de cruautés, qui raccourcit la vie humaine comme un équarrisseur, est aussi un grand accélérateur de mensonges. Les livres de Giono et de Gary, si imprégnés par la guerre, m'ont vacciné à jamais contre le bellicisme. On ne pourra jamais me convaincre qu'une idée qui a des morts sur la conscience a eu raison.

Gary est parti dans la vie sans beaucoup de grands principes : son bagage ne l'encombre pas. Il pense que l'homme n'est ni très bon ni très mauvais et que ses qualités et ses défauts varient selon les circonstances. En chimiste attentif, il observe les réactions en chaîne que produit la nature humaine. Il ne croit pas que l'homme devienne meilleur grâce à la religion, à l'idéologie, au chant patriotique, mais simplement parce qu'il possède en lui une faculté insoupçonnée de grandeur. Le monde est foutu, mais quelques hommes un peu dérangés, des dingues, de doux rêveurs qui vont « à la poursuite du bleu » comme les héros des *Cerfs-Volants* inspirent un peu d'espoir.

Cet amoureux de la liberté s'est attaché à la France comme si elle seule pouvait l'aider à résoudre ses contradictions ; sa légèreté l'aidait à surmonter sa gravité de Slave opiomane des steppes ; sa fantaisie dissipait les chevaux du désespoir. La France est la meilleure patrie des apatrides. Elle seule leur parle de leur véritable langue natale.

Pourquoi évoquer Gary ? C'est un spécimen d'écrivain qui aide à réfléchir. Toujours en fuite, de Russie, de Pologne, évadé de France, comme si le mot Français libre était fait pour lui, il s'évade encore comme diplomate pour observer la France de loin, puis il opère sa plus grande culbute, dans l'imaginaire ; enfin il fait le grand saut dans la mort, lui qui lui avait toujours échappé dans les époques de guerre où elle cherchait à lui trouer la peau, il la choisissait au cœur de la paix.

En se tuant, Gary a tué l'image qui emprisonnait son œuvre. Comme s'il voulait sortir de cet embrouillamini de subjectivités, de modes, de faux regards, de réputations usurpées, de ce mélange adultère de tout, qui constitue la superstructure imaginaire qu'est l'écrivain. Tout ce faux qui entoure le vrai.

Je cherche le cœur de Giscard

Quand je rencontrai Giscard à cette époque, il venait de faire une mauvaise chute : il était tombé de l'idée qu'il se faisait de lui-même. Il avait été au sommet, il n'était plus qu'un homme comme les autres. Il n'en revenait pas. On sentait en lui l'incertitude de ce prince de *La vie est un songe* qui ne sait plus ce qui est réel : le palais ou le cachot ? J'avais devant moi son visage luisant et épilé de pharaon de la IVe dynastie ; ses yeux légèrement bridés accroissaient l'illusion. Il s'appliquait à être drôle avec autant d'aisance que lorsqu'il présentait sans notes, les mains dans les poches, son budget aux députés médusés par un tel exercice de mémoire. Il s'acharnait à mettre du brio en tout. Même dans ce qui ne le mérite pas. Non tant pour séduire, ce qui impliquerait de sa part l'idée qu'il quête une reconnaissance, mais pour imprimer toujours et partout la marque de sa supériorité. C'est un exercice qui doit être lassant. D'autant plus que rien n'est plus glacial que ses pitreries, elles suscitent un rire coincé qui s'enroue dans la gorge et ne détendent nullement l'atmosphère. Au contraire, elles y raréfient l'air. C'est une drôlerie grinçante, une élaboration de farces aussi besogneuse et artificielle dans son genre que l'humour des gendarmes dans le leur. Ainsi pour détendre l'atmosphère faisait-il semblant de dérober une assiette plate en vermeil. Les convives riaient d'un rire pétrifié.

Je l'observais. Je m'efforçais de percer son énigme. Il y a chez tout personnage officiel un secret intime que dissimule l'image publique : ce moteur de la personnalité qui l'anime, le fait agir, que soudain, tandis qu'il baisse la garde, on peut espérer entrevoir. Je cherchais le cœur de Giscard. Mais la mécanique chez lui éludait le vivant. Il semblait construit non en chair humaine mais en tubulures d'acier chromé comme un mobile de Calder ou plutôt comme les époustouflantes machines grinçantes de Tinguely qui assemblent dans un mouvement compliqué de rouages, de mécanismes dentelés, une roue de bicyclette qui elle-même entraîne une pompe agissant sur une turbine pour, au bout du circuit, finir par un marteau qui frappe une casserole. Un maximum d'artifices fantastiquement agencés et des trésors d'ingéniosité pour un résultat dérisoire.

Pourtant j'avais devant moi un phénomène qui rassemblait en lui des qualités exceptionnelles : un prodige d'intelligence, un maître de séduction, un habile manœuvrier, un homme aux convictions politiques très respectables, et à l'action plutôt positive. Ce formidable capital propre à susciter l'admiration, ces qualités incontestables au lieu de s'harmoniser semblaient une marqueterie artificielle. Il leur manquait la vie. On avait affaire à un très brillant acteur de lui-même. Mais sous le jeu, on ne sentait personne. Cette simple vérité humaine qui existe chez des êtres beaucoup moins doués n'était pas perceptible chez lui. Peut-être la cachait-il ? Il la cachait bien, car même ses proches s'interrogeaient sur son existence.

C'était au cours d'un dîner chez la comtesse de R. J'étais impressionné à l'idée de rencontrer l'ex-Président. Quelle conversation pouvais-je espérer entamer avec lui ? Je le savais si compétent sur tous les sujets que je craignais l'inanité de mes questions. Car c'est un homme qui non seulement apporte la réponse adéquate à toutes les interrogations, mais qui pousse le zèle et l'obligeance à proposer de vous ciseler votre question de manière plus subtile et plus appropriée. Entre les questions qu'il allait se poser et les réponses qu'il allait se donner, ma marge de manœuvre était mince. Mon rôle se réduirait-il à celui d'un pâle figurant, du courtisan qui se contente de sourire à propos et de ne pas faire trop de bruit avec sa fourchette ? Si modeste que je fusse, j'ambitionnais un autre rôle.

Je me souvenais d'un texte de lui qui m'avait plu. Il s'agissait d'une chronique intitulée, « Adieu postérité », publiée dans *Le Figaro* en 1974. Il y évoquait la figure du général Desaix en termes émouvants. Je me procurai ce texte dont je n'avais qu'un souvenir flou. Puis je l'appris par cœur. N'était-ce pas grâce à sa mémoire que Julien Sorel avait conquis l'estime du marquis de La Mole ?

J'étais devant lui prêt à être conquis par ce personnage hors du commun. Tout de suite, à table, ce fut un feu d'artifice où se mêlaient à son humour grinçant des pitreries un peu forcées. Il entamait un monologue sur le gotha auquel je ne pipais pas un traître mot. Soudain tout cela s'évanouit, la table à la vaisselle en vermeil, le lustre, les convives huppés ; je voyais de loin Giscard s'agiter. Je m'évadais. J'étais transporté dans la chambre austère de l'avenue Henri-Martin, qui ouvrait sur une cour lugubre, dans le petit lit étroit du jeune homme qu'il avait été, là où il avait préparé l'École polytechnique. Je revoyais la charmante nièce aux yeux de cassis mouillé. Ses lèvres, le désir douché par le rappel à l'ordre de sa grand-mère. Une bouffée d'amour remontait de cet instant disparu. Il me semblait que je goûtais ses lèvres tandis qu'elle fermait ses yeux un peu bridés qui étaient le signe distinctif des Giscard.

Je revins m'immiscer dans la conversation, un peu grisé de mon escapade, avec sur les lèvres la saveur d'un baiser. À dire vrai ce dîner dont j'attendais tant commençait à m'ennuyer. Ce qui m'y paraissait le moins intéressant, c'était la conversation qui roulait sur des sujets banals, Giscard semblant signifier que ce soir-là il était en congé des choses sérieuses, qu'il ne fallait voir en lui que Giscard le Débonnaire, si ce terme ne lui était pas aussi inadéquat qu'une paire de sabots à un archevêque. Pour dire vrai, une seule question me semblait réellement intéressante : comment allait-il se comporter vis-à-vis de moi ? Allait-il enfin descendre de son piédestal moral où il semblait encore régner, et poser enfin les yeux sur moi ? J'attendais donc le regard du monarque avec l'impatient frémissement de la jeune Jeanne d'Étioles, future marquise de Pompadour, guettant Louis XV revenant de la chasse, à l'orée de la forêt de Sénart.

Pour patienter, je me récitai la chronique de Giscard : « Dans la devanture d'un antiquaire du boulevard Saint-Germain, on pouvait voir une pendule en bronze noir et doré, reproduisant le monument que la reconnaissance publique avait élevé à la mémoire du général Desaix, tué à Marengo, et qui avait été provisoirement installé, je crois, place Dauphine. »

Ce début, ce n'était pas *La Chartreuse de Parme*, mais il y brillait le soleil de l'Italie et la mort. Le texte montait en puissance et prenait de l'émotion : « Les lettres soigneusement creusées dans le bronze faisaient jaillir le cri célèbre du général mourant : "Allez dire au Premier consul que je meurs avec le regret de ne pas avoir assez fait pour la postérité !" Dans le tumulte de la bataille finissante, la poisse du sang engluant son habit bleu, avec la lumière forte de la plaine piémontaise qui lui tournait la tête, que cherchait-il à exprimer ? Quel regret ? »

Je me disais qu'après avoir écrit « la poisse du sang engluant son habit bleu », Giscard n'avait pas dû être mécontent de lui. Je l'imaginais à son bureau du ministère des Finances en train de la relire tout haut. Tout de même cette phrase, c'était autre chose que le style platement administratif de Raymond Marcellin, de René Triboulet ou de Christian Fouchet. Il y avait du jus là-dedans ! De la grâce ! De la branche ! Peut-être, un instant, s'était-il imaginé qu'il avait écrit une phrase qui n'aurait pas déparé dans *La Semaine sainte* d'Aragon ; surtout cette opposition entre « la poisse du sang » et « l'habit bleu » et cette trouvaille : le participe présent « engluant » venu tout droit de Flaubert qui usait et abusait de ce procédé. Évidemment qui pourrait jamais comprendre cela au Conseil des ministres ? Pompidou ! La jalousie ne rendait pas son jugement serein : il ne fallait pas plus attendre son approbation en matière de style qu'en matière financière ; Chirac ! Robert Boulin ! Alain Peyrefitte, oui, peut-être Alain Peyrefitte. Et soudain il mesurait sa solitude de créateur, une solitude que les grands maudits avaient dû éprouver avant lui, les Baudelaire, les Verlaine, ce sentiment d'injustice et d'incompréhension qui pénètre dans le cœur comme une lame glacée.

Soudain l'impensable se produisit. Le Prince posait les yeux sur moi ; plus prodigieux encore, il m'adressait la parole. Pressentant que son intérêt pour moi serait éphémère, je dégainai mon arme secrète. Je lui parlai de sa chronique. Son visage s'illumina.

— Vous êtes très érudit, me dit-il.

Dans ses yeux chinois passait une expression reconnaissante et désarmée d'auteur enfin reconnu. Ce sentiment de reconnaissance transperçait la carapace de l'homme de pouvoir, traversait le cuir tanné par tant de vilenies reçues, les attaques, les injustices, l'affaire des diamants.

Profitant de ce moment de faiblesse, j'assurai mon avantage en lui avouant que je connaissais son texte par cœur.

Son regard se durcit. Il me fixa avec une lueur d'inquiétude comme si je tendais un piège à sa vanité.

— Oui, répétai-je d'un ton pétulant, je le connais par cœur. Tenez : « Quel regret ? Celui de ne pas avoir suffisamment accompli au service de la postérité ? Ou celui de n'avoir pas eu le temps de s'acquérir un titre à la reconnaissance de la postérité ? Je crois à la deuxième interprétation. Dans une époque où coexistaient l'éternité et l'histoire, l'idée d'essayer de survivre en se surimprimant à la mémoire de la postérité était un des ressorts de l'ambition et de l'action. On gouvernait, commandait, inventait, et même aimait, pour le présent sans doute, mais aussi dans l'attente de l'inscription qui serait gravée plus tard à propos de vous, et fixerait à jamais votre existence dans la durée. »

Je l'avoue je préférais de beaucoup ce passage au précédent. Écrit dans un style moins forcé, il exprimait avec force une belle idée. Bien sûr on retrouvait encore l'influence de Flaubert : la succession des quatre verbes « on gouvernait, commandait, inventait et même aimait » répondait comme un écho à la fin de *L'Éduca-*

tion sentimentale : « Il voyagea. Il connut la mélancolie des paquebots, les froids réveils sous la tente [...] Il revint. Il fréquenta le monde. »

Giscard me regardait avec tendresse. Peut-être même une larme hésita-t-elle à se former dans un coin de son œil chinois.

De toute la soirée, il ne me quitta plus. Il me parla de Maupassant, de Flaubert. Mais, sur ce sujet, son discours est connu.

Quand il fut parti, l'assistance se réchauffa aussitôt. On avait l'impression d'une classe qui a fait un louable effort d'attention et qui soudain se relâche après le départ du proviseur.

La maîtresse de maison se précipita sur moi. Elle était ravie.

— Giscard vous a trouvé remarquable. Vous savez, chez lui, les compliments, c'est rare.

Je pris un air modeste. Bien sûr je tus l'artifice déloyal dont j'avais usé. Après tout, avais-je eu tort d'agir ainsi ? Ne sommes-nous pas tous faits de la même pâte : nous aimons que les autres reconnaissent cette part sensible et secrète que nous livrons dans nos écrits. Est-ce vanité ? Non, il s'agit d'un sentiment plus complexe qui touche l'être en profondeur, même si elle caresse sa surface.

C'est ainsi que ce dîner se termina à la satisfaction générale. Il entraîna un autre dîner à quelque temps de là, chez la même hôtesse, avec toujours l'ex-Président, une soirée qui fut tout aussi réussie.

C'était l'idylle.

Hélas ! elle ne dura pas.

Car Giscard écrivit un roman. Notre amitié naissante ne devait pas résister à cet écueil.

L'étreinte de Rome

Je ne parlai pas de Napoléon à Giscard. Je doute que ce soit son homme. Il doit lui préférer Poincaré. Sa folie des grandeurs lui est étrangère. Il est de ceux qui gouvernent dans le possible et qui ne bousculent pas les bornes. Comment pourrait-il le regarder autrement qu'avec la sévérité d'un commissaire aux comptes agacé par l'ambition démesurée que ce fou de grandeur a eu pour la France ? Des dépenses d'énergie considérables pour finir par la banqueroute ! Cette rencontre avec Giscard, pour une autre raison que d'abord je ne m'expliquais pas, me laissait frustré. J'avais pourtant un motif d'être satisfait : n'avais-je pas réussi mon examen de passage ? Malgré tout j'éprouvais un manque. Une sorte de tristesse aussi inexplicable qu'un chagrin d'enfant. Soudain je compris la nature de ce malaise : Giscard m'avait parlé de littérature, celle des auteurs fameux, de la sienne, mais il n'avait pas cru devoir faire allusion à ma qualité d'écrivain, certes modeste, mais qu'il avait pris soin d'exclure comme si cette passion était de ma part une faiblesse bien excusable qu'il valait mieux passer sous silence. Je ne réagissais pas seulement par coquetterie froissée, amour-propre d'auteur, mais parce que je sentais qu'au fond il s'était contenté de se mirer dans mes yeux sans me regarder. Pourquoi n'avais-je pas éprouvé ce sentiment avec Mitterrand ?

Je tentais de me distraire de cette blessure superficielle mais irritante en songeant à Napoléon. Ce qui après tout prouvait que je n'étais pas rancunier avec Giscard. Non que l'idée me vînt de le comparer au fou génial qui dans sa clinique psychiatrique de Sainte-Hélène tentait en vain d'expliquer à Hudson Lowe et à ses gardiens qu'il n'était pas le général Bonaparte mais l'empereur des Français. Ni pour le coup de me mettre sur le même plan que les prestigieux écrivains qui avaient eu maille à partir avec lui. Pourtant cette comparaison nous aurait bien arrangés, Giscard et moi.

Napoléon ne croit que dans les faits positifs, dans la suprématie des mathématiques qui ont assuré son pouvoir sur la vie et son empire sur les choses. Mais il pressent qu'il y a d'autres forces, les fameux « fluides », le cœur, l'esprit, la providence, l'art. Cette présence de l'irrationnel l'irrite et le fascine. Le pouvoir des mots, qui le connaît mieux que lui : « La 32e demi-brigade se serait fait tuer pour moi, parce qu'après Lonato j'avais écrit : "La trente-deuxième était là, j'étais tranquille !" C'est étonnant le pouvoir des mots sur les hommes. »

Bien sûr, les écrivains l'exaspèrent : il n'apprécie pas leur esprit critique, ni leur goût pour les coteries, leur individualisme, leur engouement pour la fumée des idéologies, leur versatilité, leur amour-propre toujours sous les armes, la soumission permanente de toutes les circonstances à leur ego. Ce qu'il admire en eux, c'est la grandeur qu'ils traduisent sans même parfois le savoir. Mme de Staël l'horripile ; Chateaubriand le met hors de lui : « Je le ferai sabrer sur les marches des Tuileries » ; ses prétentions léonines, sa vanité jamais satisfaite, le font rugir : « Mon embarras n'est pas d'acheter Chateaubriand, c'est de le payer le prix qu'il s'estime. » Louis-Napoléon aura la même réaction en face d'Hugo.

Mais Napoléon ne fait rien qui puisse nuire à Chateaubriand : après lui avoir donné une ambassade, il le propose à l'Académie. Et lorsqu'au cours de son voyage à Jérusalem, la nouvelle de sa mort dans un naufrage commence à circuler, il fait taire les commentaires satisfaits des ministres réunis : « Sa grandeur, son talent honoraient la France. » À Sainte-Hélène, alors que les querelles et les passions s'éloignent, il lui tresse la plus belle couronne qu'un monarque ait jamais posée sur la tête d'un écrivain : « Chateaubriand a reçu de la nature le feu sacré ; ses ouvrages l'attestent. Son style n'est pas celui de Racine, c'est celui du prophète. Si jamais il arrive au timon des affaires, il est possible qu'il s'égare : tant d'autres y ont trouvé leur perte. » Chateaubriand lui répond par cette superbe épitaphe : « Vivant, il a manqué le monde ; mort, il le possède. »

À la suite de Chateaubriand, ce sont tous les écrivains du siècle qui encensent le héros : Benjamin Constant se rallie dans une ultime contorsion ; Goethe délire d'admiration après l'avoir entendu s'exclamer : « Vous êtes un homme, monsieur de Goethe » ; Hegel s'exclame à Iéna : « J'ai vu passer l'esprit du monde sur son cheval blanc. » Comme on aurait aimé que Napoléon, à cet instant, ait mis pied à terre, et que là, botté, tenant le cheval blanc par la bride, il eût entamé un dialogue avec le philosophe. Cette idée donne le frisson. Au milieu de la parade, des hommes en armes, ces deux puissances de l'esprit aimantées l'une vers l'autre. Deux hommes aux yeux gris, au profil d'aigle, au visage émacié, qui brûlent d'un feu intérieur.

Stendhal fait mieux : il intègre l'épopée napoléonienne dans sa vie romanesque ; il y puise le sang, l'énergie de ses héros.

Léon Bloy le compare au Christ, ce qui pour lui, est le compliment absolu ; comme Élie Faure qui va inspirer Abel Gance ; quant à Joseph Delteil, il gambade avec le général Bonaparte dans un univers poétique de coquecigrues, de songes d'enfants, de mamma corse, d'Orient de pacotille, et de vendetta avec le démon de l'absolu.

Napoléon, je le retrouvai à Rome bien qu'il n'y fût jamais allé. C'était sa capitale imaginaire. J'allais rejoindre Stella. Quel était mon état d'esprit quand je débarquai par un doux mois de juin à l'aéroport de Fiumicino ? J'avais peur de moi-même, peur de mes songes. Je craignais que tout cela ne fût qu'un rêve, tout, ce taxi qui passait devant les ruines du Colisée, tournait devant la colonne de Trajan et me déposait au pied de la villa Médicis ; un rêve aussi la chambre mauresque de l'hôtel qui m'hébergeait, près des combles. Je déposai mon sac dans cette pièce imprégnée d'orientalisme, qui semblait avoir été conçue par Delacroix, Ingres et Pierre Loti. Aussitôt, comme si j'avais touché à un mystérieux mécanisme, les cloches de Rome se firent entendre. Je voyais l'église de la Trinité-des-Monts au-dessus de l'océan de tuiles brûlées. À cette irréalité s'ajoutait le sentiment le plus irréel : l'amour.

Quand je pris Stella dans mes bras alors qu'elle montait l'escalier de la place d'Espagne, j'étreignis Rome, la nuit, le souvenir de la place Saint-Sulpice, et la crainte que tout cela ne fût qu'une illusion.

Nous allâmes dîner à la terrasse d'un restaurant du Trastevere. Mais nous étions absents de la conversation.

Nous nous parlions mais nous nous projetions déjà dans la chambre mauresque. Nous dévorions le temps qui nous séparait. Nous voulions nous retrouver. Tout ne conspirait-il pas à notre perte ?

Je garde l'image de Stella se promenant nue dans la pénombre, belle comme l'*Odalisque* d'Ingres dans le harem. Les carreaux de faïence donnaient une impression d'exotisme et de fraîcheur ; Stella s'accouda au rebord de la fenêtre ouverte. Je la rejoignis. Je sentais contre moi son dos nu, j'embrassai sa nuque tandis que devant moi la ville se dessinait dans des ténèbres piquetées d'étoiles. Je l'étreignis. Nous respirions avec le souffle de Rome. Soudain un éclair cingla le ciel.

À l'aube, je la raccompagnai à la porte de l'hôtel où un taxi l'attendait. Le taxi s'éloigna me laissant seul sur le terre-plein. Devant moi, au premier plan, la vasque peinte par Corot sur fond de la ville m'apparut comme un signe amical. Cette idée que Corot, Ingres, Léopold Robert avaient hanté ces lieux m'enthousiasmait. Tant d'ombres chères et de pinceaux s'étaient mêlés pour peindre le ciel pourpre de Rome. S'y ajoutait ce sentiment de triomphe sur la banalité, sur l'ennui, celui que j'éprouvais à dix-huit ans après l'amour et le départ de la femme aimée ; un sentiment de triomphe mêlé de tristesse, qui, je ne sais pourquoi, m'a toujours fait penser à la phrase de Wellington : « Je ne connais rien de plus triste qu'une bataille gagnée, sinon une bataille perdue. »

Où allait me mener tout cela ? Encore une fois, nulle part. Je ne resterais pas à Rome. Stella mariée, avait une famille. Cet amour était construit sur du sable. Il n'avait pas d'avenir. Il était condamné d'avance.

Je l'emmenai à l'église Saint-Louis-des-Français. Bien sûr l'église était fermée. Je tambourinai à la porte de la cure. Un prêtre ensommeillé entrebâilla l'huis. Je lui tins un discours si véhément qu'il consentit à nous laisser entrer. Il alluma les projecteurs dans l'église. Quand je lui demandai où se trouvaient les sépultures du cardinal de Bernis et de Pauline de Beaumont, il s'exclama avec une ironie tout ecclésiastique : « Je vais vous conduire là où reposent ces illustres chrétiens pas très recommandables. » Le cardinal des plaisirs et l'égérie de Chateaubriand, face à face, cheminaient dans le silence de l'éternité, non loin d'un tableau du Caravage, autre chrétien pas très recommandable.

L'après-midi, dans la voiture blanche de Stella, nous partîmes pour Garraviccio, au nord de Rome, pour voir les curieux monuments et les sculptures édifiées par Niki de Saint Phalle dans le jardin du prince Caracciolo. Inspirées par les lames du tarot, ces œuvres monumentales qui exprimaient les délires d'une âme tourmentée faisaient penser aux grotesques d'une autre folie italienne, les monstres de Bomarzo. Puis nous allâmes nous baigner au pied des dunes de Forte di Marmi qui évoquaient pour moi le souvenir de Malaparte à l'époque où il était l'ami du beau Ciano et qu'ensemble ils faisaient assaut de séduction auprès des jolies filles sans savoir que l'histoire était en marche. Ces baisers et ces plaisirs à l'ombre du fascisme, imaginaient-ils qu'ils les conduiraient chacun vers leur destin tragique : l'exil dans les îles Lipari et le poteau d'exécution.

Pendant que nous déjeunions dans un restaurant du port de Forte di Marmi, j'interrogeai Stella sur ses projets. Où irait-elle, cet été-là ? Aurions-nous la possibilité de nous voir ?

— Je serai dans l'île d'Elba.

— L'île d'Elbe, répétais-je, incrédule.

— Oui, dit-elle, j'ai une maison là-bas.

Et elle me parla de ce couvent qu'elle avait acheté et qu'elle restaurait sur les hauteurs de San Martino.

— Cette maison est devenue le but de ma vie. J'ai l'impression qu'elle a besoin de moi. Il y a une vue magnifique. J'ai planté beaucoup d'orangers. Croyez-vous que les maisons sont comme les personnes, qu'elles ont besoin de nous, de notre amour ? Vous me trouvez folle ?

Comme nous nous levions de table pour rejoindre sa voiture, elle saisit mon bras et me dit avec un regard plein de ferveur :

— Je ne sais pas si vous aurez le courage d'attendre, mais cette maison j'aimerais que vous y veniez un jour. C'est trop tôt maintenant. Il ne faut pas brûler les étapes. Je dois mettre de l'ordre dans ma vie... ou du désordre, ajouta-t-elle avec un triste sourire. Mais un jour, il faudra absolument que vous veniez. Cela voudra dire qu'il n'y aura plus d'obstacle entre nous.

Puis tout se passa très vite. Je quittai la chambre mauresque. La villa Médicis et la fameuse vasque de Corot s'estompèrent. Je me retrouvai à Paris. Stella partit pour l'île d'Elbe. Cette île que je devais observer si souvent dans le lointain et qui m'offrait deux visages : tantôt remontait le souvenir poignant de Stella, tantôt j'imaginais l'Empereur trahi, étouffant d'injustice.

Aujourd'hui encore, je ne peux regarder l'île sans que renaisse un sentiment de désolation et d'abandon. Nos chemins ne pouvaient se croiser que de manière furtive. Stella avait sa vie ; elle me condamnait à avoir la mienne.

La femme lointaine

L'amour meurt d'exister. La nature offre d'autres exemples de cette simultanéité de la naissance et de la mort. Les femmes lointaines échappent à ce destin. Leur immatérialité même les préserve des atteintes du temps. Quand je retrouvais Stella, que j'aille à Rome ou qu'elle vînt me rejoindre à Paris, à Saint-Moritz, ou dans tout autre lieu, nous conservions intact cet élan que nous avions connu dans la chambre mauresque. N'était-elle pas doublement lointaine, par son mariage, par sa nationalité ? Son caractère pudique, réservé, ajoutait une distance supplémentaire. La combustion de l'amour était sans cesse ravivée par l'attente, le doute, l'incertitude. Comment, face à tant d'adversité et de menaces, n'aurions-nous pas connu l'angoisse. Chaque retrouvaille représentait une conquête. Nous gardions de notre rencontre, fruit de tant de hasards, une confiance dans la prédestination qui y avait présidé, mais en même temps ce destin qui avait instruit les conditions de ce rendez-vous mystérieux fixé place Saint-Sulpice pouvait avoir arrêté l'instant de notre rupture. Nous sentions que ni notre volonté ni nos vœux n'y pourraient rien.

C'était ce lien avec l'angoisse qui donnait tant d'intensité et de force à nos rencontres. Elles avaient un goût de première et de dernière fois. Nous savions que l'instant serait bref. Cette perspective de la séparation jetait sur nous son ombre mais aussi elle exacerbait notre soif de profiter du présent. Une exaltation inconnue aux couples qui n'ont pas d'obstacles à affronter. Stella ne me disait presque rien de sa vie. Elle ne me posait aucune question sur la mienne. Peut-être par crainte d'apprendre des choses qui auraient pu lui déplaire. Mon existence en dehors d'elle ne méritait pas que je la fisse souffrir avec des passades sans importance. Je ne vivais que dans l'attente d'un prochain rendez-vous. Où aurait-il lieu ? À Rome, à Florence, à Milan, à Turin, à Paris ? Aussitôt informé, j'imaginais la couleur de notre rencontre, son éclairage, sa lumière. Les horaires des trains et des avions me devenaient familiers : ils étaient les clés de ma nouvelle vie.

En réalité je passais plus de temps à imaginer Stella qu'à la voir. Et quand je la retrouvais, c'était à travers la brume de ce songe que j'avais construit autour d'elle. En était-il de même pour elle ? Elle m'écrivait de petites lettres brèves ; quelques phrases denses comme des aphorismes, datées avec précision : elle indiquait toujours l'heure et le temps qu'il faisait. Mais ces lettres n'entraient pas plus dans l'actualité que si elles avaient été écrites au XVIIIe siècle. Elle n'évoquait rien de ce qu'elle faisait. C'était des instantanés de son cœur. Ainsi je n'appris que beaucoup plus tard qu'elle avait une fille de huit ans.

Je menais une existence double. Ici et ailleurs. Nul ne le soupçonnait. À qui aurais-je pu en faire la confidence ? Souvent je pensais à Balzac et à sa liaison avec l'Étrangère. Vingt ans à correspondre, à s'aimer de loin, à se voir très peu, avec toujours l'espoir de se retrouver :

Balzac entrait dans une logique irréelle : Mme Hanska était peu à peu devenue en creux un personnage de *La Comédie humaine*. Aucune héroïne ne lui ressemblait mais elle donnait à chacune un peu d'elle-même : un ruban, un chapeau, un mot d'esprit, un soupir.

Ève avait tout pour devenir un rêve éveillé de Balzac. D'abord elle était issue de cette aristocratie à laquelle ce petit-fils d'un paysan guillotiné pour assassinat a toujours rêvé d'appartenir. Butant sur cette impossibilité avec la même rage qu'il bute contre la réalité, il trouve dans cette liaison, puis le mariage morganatique, un ennoblissement symbolique. Il peut ainsi devenir le prince qu'il voulait être. N'a-t-il pas étendu son pouvoir sur tant de personnages, régné sur tant de provinces ? À sa manière il est plus despotique que le tsar de toutes les Russies qui détient entre ses mains le sort de Mme Hanska. En plus du droit de cuissage avec ses héroïnes imaginaires qui le vengent de son échec avec la duchesse de Castries, il exerce sur eux un droit de vie et de mort.

Mme Hanska est sa revanche. Il la rêve, ce qui le dispense de la voir. Cette femme séduisante, aussi sèche et cérébrale que son amant est généreux et puissamment instinctif, est snob à sa manière : il ne lui déplaît pas d'avoir à ses pieds un écrivain que l'Europe adule. Quand elle est enceinte et qu'Honoré délire de bonheur, elle ne songe qu'aux moyens de faire une fausse couche.

Mais elle était destinée à demeurer un rêve. Dès qu'il l'épouse, Honoré tombe malade. Tout est prêt pour l'accueillir dans l'hôtel de la rue Fortunée — quel symbole pour un écrivain criblé de dettes ! Tous ces meubles rares, bibelots précieux, tentures magnifiques qu'il a accumulés dans le seul but de l'éblouir, ne serviront qu'à être le décor de son agonie. Dans une lettre à sa sœur,

Balzac montre à quel point ce mariage lui tourne la tête : « Épouser cette femme alliée à toutes les familles princières, n'est-ce pas une réussite aussi importante que d'avoir écrit *La Comédie humaine* ? » Est-ce le sort cruel qui m'attendait avec Stella ? Devrais-je attendre vingt ans pour qu'elle soit libre, et ne connaître le bonheur qu'à la veille de rencontrer la mort ?

Je songeais aussi au grand amour de Gobineau : cette comtesse de La Tour, femme d'un diplomate rencontrée en Suède, qu'il aima et attendit toute sa vie. Il n'espérait plus qu'elle viendrait le rejoindre pour vivre avec lui. Il acceptait l'obstacle de leur séparation. Il souhaitait seulement qu'elle lui tînt la main au moment de mourir. À Turin, il l'appela en vain dans ses derniers instants. Déjà dans le coma, son bras se levait au-dessus de son lit de malade à l'hôpital, et se tendait vers celle qu'il continuait d'attendre. En vain.

Cette empreinte qui me brûle

J'ignore le fil qui relie l'amour tel que nous le vivons à nos croyances religieuses. Je sais seulement que ce lien existe, même si je n'en ai aucune preuve. Nos croyances colorent nos sentiments et pastellisent notre cœur. Cela m'oblige à évoquer ma famille à laquelle pourtant je m'étais juré de ne plus revenir. Son empreinte me brûle, quoi que j'aie pu tenter pour m'y soustraire. Elle reste inextricablement tissée dans la texture même de mon être. L'empreinte artistique bien sûr, mais étroitement liée à elle, s'interpénétrant l'une l'autre, l'empreinte religieuse : la marque ardente du catholicisme. Ce catholicisme, il brûlait dans ma famille de tous ses feux. Pas un catholicisme tiède de paroissien sage, discipliné, non, chacun le vivait de manière turbulente, rebelle, tourmentée. Pourtant on ne décelait aucun germe d'hérésie, bien au contraire : papistes, apostoliques et romains, c'étaient des catholiques soumis à Rome *perinde ac cadaver*. Seul leur tempérament donnait à leur foi ce caractère tumultueux.

Mon père semblait avoir hérité le tempérament double de saint Jean, passé de la douceur et de l'irénisme évangéliques aux vociférations apocalyptiques de Pátmos. Il était lui aussi tantôt doux tantôt furibond.

Chrétien du Moyen Âge, naïf, émerveillé, il vouait une détestation primaire aux ennemis héréditaires de l'Église : les protestants, les francs-maçons, les cathares, les athées. Trop bon, trop doux pour les condamner au bûcher, il les incendiait dans son for intérieur. Sa foi se nourrissait de la croyance que l'Église non seulement détenait la vérité mais surtout l'avait illustrée par de magnifiques œuvres d'art. Car il ne distinguait pas la vérité de la beauté.

Louis, mon grand-père, lui aussi papiste frénétique, emporté, aurait rêvé avoir la vie d'un Jules II, d'un de ces papes de la Renaissance qui vivaient dans une orgie d'art, de femmes, d'enfants naturels, de grand-messes solennelles chantées par les castrats. Il aimait ce théâtre de contrastes, de grandes débauches et de grands repentirs, de richesses inouïes et de vœux de pauvreté, de luxure et de martyre ; ce syncrétisme où il mêlait voluptueusement les foudres de l'Inquisition et la douceur du pardon, tableaux du Titien, sculptures du Bernin, associé au dépouillement et à la fraîcheur des cloîtres, et éclairé par la lumière de l'Italie, le pays qu'il chérissait par-dessus tout, comblait ses sens et son imagination. De sa maison d'édition, l'Art Catholique, place Saint-Sulpice, transformée en minuscule Vatican, il fulminait les excommunications, lançait des imprécations contre l'art saint-sulpicien, menait croisade sur croisade contre les ennemis de Dieu et ses propres ennemis qu'il avait du mal à dissocier. Il mobilisait à ses combats Jacques Maritain, le père Doncœur, le père Janvier et même le pacifique abbé Brémond. À l'ombre de l'église édifiée par Servandoni, il régnait sur un désordre religieux, véritable bric-à-brac de crucifix de la Renaissance, de l'ange du Lude, de bustes antiques, de moulages de Michel-Ange, que hantaient de pimpantes dames d'œuvres et les prêtres-soldats de sa guerre de religion.

Sa femme, Christine, professait, elle, un catholicisme on ne peut plus opposé : rigoriste, janséniste, social. Marquée par l'influence de Marc Sangnier et du Sillon, elle rêvait d'une Église des pauvres, dépouillée de faste, de dorures, à peine enjolivée de discrètes œuvres d'art.

Ma mère m'offrait le seul modèle religieux qui me touchait. Pieuse sans ostentation, elle s'esquivait discrètement pour aller à la messe, n'en parlait jamais, et donnait par son exemple une illustration vivante des vertus de l'Évangile. Tolérante, bienfaisante, elle incarnait un christianisme venu du cœur, fait de sourire, de bonne humeur, de simplicité, de compréhension. Sa nature la poussait vers le faible et le déshérité, dans l'ordre humain mais aussi dans le règne animal ou végétal : elle protégeait les animaux, nourrissait de vin chaud les oiseaux tombés du nid, confectionnait des attelles pour leurs pattes cassées ; elle avait même longtemps élevé une pie orpheline. Sa sollicitude allait jusqu'à remettre les fourmis sur le droit chemin, à ouvrir la porte aux araignées et aux papillons de nuit.

Enfant, vers neuf ou dix ans, à l'époque de ma communion solennelle, je traversai moi aussi ma crise mystique. Élevé chez les frères des écoles chrétiennes, en face de l'église Saint-François-Xavier, j'avais un professeur, M. Orsini, un laïc très pieux, qui allait à la messe chaque matin. Cet homme charitable, très indulgent envers ma nullité scolaire, m'inspira un grand zèle religieux. Je décidai de me rendre à la messe de sept heures à l'église Saint-François-Xavier. Aucune croyance n'a jamais pu me décider à me lever d'aussi bonne heure. J'écoutais la messe, agenouillé sur un prie-Dieu. Il faisait sombre comme dans une crypte ; quelques vieilles grenouilles de bénitier formaient une assistance clairsemée. Sur les murs, je pouvais contempler les peintures religieuses de mon arrière-grand-père, Henry Lerolle. J'aspirais de tout mon cœur à avoir la foi. À force de m'agenouiller, elle vint. Pascal avait raison. J'éprouvais la sensation d'une torpeur lumineuse ; peu à peu je délaissais le monde qui m'entourait ; mes genoux blessés par la paille tressée du prie-Dieu cessaient de me faire souffrir ; l'office, les paroles du prêtre devenaient un lointain murmure ; je frôlais le ciel des béatitudes. Certes si j'avais un œil vers Dieu, j'en gardais aussi un dirigé vers mon professeur, M. Orsini, qui suivait la messe d'un air pénétré. J'espérais éperdument obtenir le salut éternel et, en attendant, peut-être de meilleures notes. Les sentiments — même religieux — ne sont pas simples. Sans le savoir, j'étais sur le chemin de Julien Sorel. Puis je commençai à me lasser, pire à douter : un dieu qui vous oblige à vous lever de si bonne heure sans vous récompenser par un meilleur carnet de notes existe-t-il vraiment ? Finalement, comble d'ingratitude, les Frères me jugèrent inapte aux études et tout juste bon à entrer en apprentissage pour devenir menuisier, comme saint Joseph. Je fus renvoyé. Du coup, je devins incrédule. Je le suis resté. Mais l'empreinte est là, je la garderai toujours.

De cette époque date mon apostasie. Depuis mon renvoi de cette école, je suis en congé de religion. J'en ai gardé un sentiment d'injustice qui a développé en moi une grande suspicion vis-à-vis du pouvoir religieux quel qu'il soit et de l'Église. Cette défiance m'a amené à prendre parti d'instinct pour les hérétiques, les excommuniés, les marginaux, ceux qu'on a brûlés ou ceux qui brûlaient eux-mêmes d'un feu intérieur, les mystiques. J'ai tourné casaque du côté de Jacques de Molay, de

René Guénon, de Julius Evola, de l'Église de l'ombre, celle des symboles et des signes. Le chrétien modèle pour moi, c'est Érasme, toujours entre deux condamnations, entre deux sectarismes, ne se plaignant jamais, gardant au milieu des vociférations et des cris de haine l'esprit libre et répondant à la calomnie par un sourire.

Mais si j'ai quitté ma place dans les églises où je m'ennuie depuis qu'elles se sont dépossédées de leurs œuvres d'art, de leur musique, de leurs chants, et que l'éloquence des prêtres se réduit à une fade paraphrase teintée de syndicalisme sommaire, je n'ai fait que quelques pas au-dehors : je reste dans l'ombre du clocher et dans celle de la croix. Que je le veuille ou non, le cœur du Christ bat en moi. C'est une imprégnation de l'être tout à la fois sentimentale et philosophique. Ce désir fou de justice qui parfois me jette dans des combats que peu de mes amis comprennent ne vient pas d'ailleurs. Une âme chrétienne ne se contente pas de la justice telle qu'elle est rendue par Pilate. Un chrétien veut la vraie justice ; il se bat jusqu'à ce qu'il l'obtienne. Cela ne donne pas une conscience tranquille. On vit dans le tourment. Drôle de religion qui nous a inoculé cette empathie ardente pour chaque malheureux qui souffre : qui nous fait nous sentir violés avec la femme violée par la soldatesque ; humiliés avec le Palestinien quand les bulldozers détruisent sa maison ; torturés avec le Kurde dont la police arrache les ongles ; on se sent le cœur piétiné en voyant dans la nuit ces vieilles femmes sans feu ni lieu fouillant dans les poubelles à la recherche d'une pitance. Ce christianisme, comme il a aiguisé en nous cette compassion pour chaque homme qui sur la terre porte sa croix et vit dans sa chair l'injustice, la misère. Bien sûr le troupeau des chrétiens est plutôt tranquille. Mais en son sein se trouvent des âmes insatisfaites, écorchées, qui se révolteront toujours.

Je ne regrette pas d'avoir contracté dans mes veines un peu de ce feu du désert grâce à cette vieille hérésie juive qui a adouci du lait de la tendresse humaine l'impitoyable message de la Bible.

Giscard s'emporte

Quelle drôle d'idée de la part d'un homme aussi raisonnable que Giscard, d'un polytechnicien, d'un inspecteur des Finances, de s'engager sans précaution sur les sables mouvants de la littérature ! Fût-il demeuré dans son domaine, je n'eusse jamais porté aucune critique contre lui. Mais écrivant un roman, *Le Passage*, il tombait sous ma juridiction. Je m'efforçai d'être impartial. Quelque indulgence que m'inspirât le bon souvenir de notre rencontre, je ne pouvais nier l'évidence : ce roman ne passait pas la rampe. Giscard s'était fourvoyé, pris à son propre piège. À force de se croire apte à répondre à tous les défis, à toutes les questions qu'il se posait — les seules intéressantes à ses yeux — il était entré dans un syllogisme pervers : si seul un homme sur des millions détient la capacité de devenir président de la République, comment celui-ci ne serait-il pas en mesure d'écrire un roman aussi bien que ces dizaines de romanciers qui chaque année encombrent la devanture des libraires et reçoivent indûment les éloges de la critique ?

Après avoir reçu avec aisance toutes les distinctions réservées aux brillants sujets, Giscard voulait cette fois obtenir les récompenses réservées aux cancres. C'est ainsi qu'il lança à l'aventure sa cocotte en papier imprimé dans la rentrée littéraire avec la certitude et la candeur d'un enfant qui pousse son bateau à voile dans le bassin des Tuileries et s'imagine qu'il va voguer jusqu'aux Amériques.

Je n'aime pas les bourreaux. Je ne voulais pas infliger de supplice à l'ancien Président déchu. Mais je devais dire la vérité. Je regrettais que mes études chez les Jésuites aient été écourtées de leur fait : j'aurais certainement tiré de leur enseignement matière à me tirer d'affaire. Je fis de mon mieux. Au *Figaro*, je demandai à Renaud Matignon de m'aider dans cette besogne. Il résuma ainsi le roman : « C'est dans le meilleur des mondes que le narrateur fait la connaissance de Natalie sur le bord d'une route. En veste de chasse façon Hermès, il la séduit lentement jusqu'au moment où ils seront "enlacés dans la sensualité de la nuit", avant qu'elle reparte vers son destin. Ainsi s'évanouit un amour fou imaginé par Maupassant qui aurait fait la connaissance de la comtesse de Ségur ou par un Grand Meaulnes qui aurait croisé Bécassine. » Sous le titre, « Périlleux », je me contentais d'adresser un conseil à l'ex-Président : « La Rochefoucauld disait : il y a des hommes qui n'auraient jamais aimé s'ils n'avaient jamais entendu parler de l'amour. Gageons qu'il y a aujourd'hui beaucoup de ministres qui n'auraient jamais écrit une ligne s'ils n'avaient jamais entendu parler de Pivot. Mais loin de nous l'idée de chercher à dissuader les politiques de faire une carrière littéraire — surtout s'agissant d'un ancien président de la République — ils en ont le droit autant que les autres. Du moins leur conseillerons-nous respectueusement l'emploi d'un pseudonyme. Sinon par décence, du moins par prudence. Surtout quand leur prend la lubie de publier leur *Monsieur Choufleury restera chez lui* » (titre d'un opéra bouffe écrit par Morny sous le nom de M. de Saint-Rémy).

Ces clauses de style furent inutiles. La foudre présidentielle tomba. Robert Hersant qui ne m'appelait jamais et qui, contrairement à sa réputation, répugnait à intervenir dans le travail des journalistes, me téléphona. Avec la douceur des boxeurs professionnels qui craignent toujours d'abuser de leur force, il usa d'un grand luxe de précautions pour me dire que cet article le mettait dans une situation embarrassante : Giscard était furieux, il demandait réparation de l'injure. Tout en admettant que nous n'avions fait que notre devoir, le patron de presse ne voulait pas être ingrat envers un homme qui lui avait rendu de grands services. Que faire ? On ne pouvait pas se déjuger, mais il était impossible de mécontenter Giscard. C'était une situation hautement figaresque. Après nous être enlisés pendant un bon quart d'heure entre ce qui était souhaitable et ce qui était réalisable, Hersant me dit : « Je vais réfléchir. » Formule qui visait à ménager mon amour-propre. Une semaine plus tard, il me rappela. « Décidément Giscard ne veut pas céder. Pourriez-vous lui accorder un entretien, quelque chose de gentil, vous voyez ce que je veux dire. Ainsi nous aurons la paix. » Giscard obtint donc gain de cause.

Les années passèrent. Je ne pensais plus à Giscard, ni à son roman, encore moins à l'article.

Je reçus une nouvelle invitation de la comtesse de R... qui me précisa que le Président serait à nouveau de la fête. J'y prêtai d'autant moins d'attention que j'avais alors d'autres préoccupations : la veille de ce dîner, avait lieu à l'Académie une élection qui ne me laissait pas indifférent : j'étais candidat. Je fus élu. Fort de ce petit succès, je m'apprêtai donc à revoir Giscard. Je pressentais que cette homme à la longue mémoire et à la digestion lente n'avait toujours pas avalé ce malheureux article. Confiant dans son élégance, plus encore dans sa bonne éducation, je me rendis sans crainte au dîner. J'étais même assez émoustillé de connaître sa réaction tant la nature humaine m'intéresse, surtout chez ses spécimens de haute volée, quand bien même je devrais en faire les frais.

Dès que Giscard pénétra dans le salon surchauffé, avant même de le voir, je sentis passer un vent glacé qui me prévint de sa présence. Je levai les yeux : j'aperçus son œil noir qui, traversant la foule, me fixait ; un œil aussi noir que le canon du fusil de chasse avec lequel il foudroyait les éléphants, les lions, les hyènes et les phacochères dans la steppe africaine. De cet œil braqué sur moi, dans le repli de sa paupière asiatique, je n'attendis dès lors rien de bon. D'autant que cet œil noir comme le regard de Dieu le Père poursuivant Caïn ne cessait de me fixer, quelque effort que je fisse pour lui échapper dans les recoins du salon. Je sentais Giscard décidé à ne pas lâcher sa proie. J'espérais que le destin qui venait de me favoriser m'épargnerait encore une fois. « Pourvu que je ne sois pas à sa table », pensai-je lâchement.

Ma faveur même me condamnait au supplice. Je me rendis donc bravement à la place qui m'était assignée à la table de la maîtresse de maison. Je ne doutais pas que ce fût celle où se trouvait aussi Giscard. Ainsi l'heure des comptes allait sonner. Je saluai l'ex-Président avec le bon dosage de respect, de dignité, sans en rajouter dans la courtisanerie. Il me rendit mon salut d'un air pète-sec.

Je m'installai donc en face de l'œil noir. J'étais résigné. Tout d'abord Giscard badina avec ses voisines. J'entamai de mon côté la conversation avec la jeune et jolie romancière qui se trouvait à ma droite tout en avalant un consommé qui, soit carence du cuisinier soit appréhension de ma part, me sembla n'avoir pas plus de saveur que de l'eau tiède. À dire vrai j'attendais que la balle vînt me frapper. Ce n'était, je le sentais, qu'une question de minute. Il me semblait entendre le bruit du fusil que l'on arme, le cliquetis du chargeur qui se referme, et cette étrange paix tendue qui sépare l'instant où le doigt appuie sur la gâchette et la détonation. Aussi ne puis-je rapporter aucun des propos de la jeune et jolie romancière.

Soudain Giscard se redressa et haussa la voix, signe qu'il s'adressait à la table tout entière. Je baissai la tête vers mon potage pour amortir le coup. « Comme je suis heureux, s'exclama-t-il, qu'il y ait un écrivain à cette table... oui, une vraie romancière, mademoiselle quel sera le titre de votre prochain roman ? »

Cette question si ostensiblement désagréable à mon égard fit passer sur la table un frisson de désarroi. Les convives qui ignoraient le lourd passif de mes relations avec le Président ne comprenaient pas le motif de cette déclaration d'hostilité sans sommation. La maîtresse de maison voyant s'effondrer ses efforts pour réunir harmonieusement les convives, s'étrangla. Elle poussa un cri : « Mais Monsieur le Président, vous avez devant vous le plus jeune académicien... Il a été élu hier... — Je sais, dit Giscard, de l'air joyeusement sadique avec lequel il devait dépecer ses proies avant de les livrer au taxidermiste, je sais que ce monsieur est écrivain. Je sais même que lui et ses confrères n'acceptent pas la concurrence des romanciers qui n'appartiennent pas au sérail. C'est une corporation de jaloux, d'envieux qui ne supportent pas que l'on chasse sur leur territoire. »

Je laissai l'ex-Président assouvir sa rancœur. Elle le

rendait soudain humain, certes un peu puéril, mais ce caractère d'écorché vif contrebalançait son déficit de chaleur. Cela m'inspirait des réflexions sur l'amour-propre hautement susceptible des présidents de la République. Les convives m'observaient avec des yeux prudemment circonspects : la bonne société ne se signale pas par son courage. Elle est du parti du plus fort. Elle ne déteste pas voir piétiner les faibles. Aussi mes voisins attendaient-ils avec d'autant plus de satisfaction mon écrasement définitif qu'ils se félicitaient dans leur for intérieur d'avoir échappé à la rogne dévastatrice de l'ex-Président.

La volée de bois vert passée, je rassemblai mes forces pour lui répondre : « Je vous trouve bien sévère, Monsieur le Président, envers la corporation des romanciers. Puis-je me permettre de vous poser une question que d'ailleurs je vous avais posée dans mon article : puisque vous considérez que les écrivains et les critiques sont jaloux et malveillants, pourquoi ne pas avoir pris un pseudonyme, oui comme Morny quand il a écrit *Monsieur Choufleury restera chez lui* ? » Le nom de Choufleury associé à Giscard fit naître des sourires qui eurent le don d'exaspérer mon irascible interlocuteur.

Il ne répondit pas, préférant engager la bataille sur d'autres terrains littéraires : nous nous disputâmes comme des chiffonniers qui se seraient arraché les vieilles hardes de Flaubert, de Maupassant et de Proust. Les convives regardaient ce match dont l'enjeu leur échappait. Décidément ils ne comprenaient pas ce qui pouvait à ce point tendre et aigrir une conversation sur des sujets aussi inoffensifs que Maupassant et Flaubert et lui donner ce ton de règlement de comptes.

Plus l'heure avançait plus je voyais dans l'œil noir de Giscard briller une lueur vengeresse : je le sentais nourrir des fantasmes de Bastille. Comme il devait regretter de n'être pas Louis XV. Comme j'avais de la chance qu'il ne le fût pas !

Bien plus tard je revis Giscard. Nous nous étions amnistiés l'un l'autre. Nous reparlâmes de Maupassant avec cette courtoisie un peu forcée des anciens duellistes qui ont échangé deux balles au petit matin sans résultat concluant et à qui on demande de se serrer la main.

La maison de Capri

Capri. C'est Malaparte qui m'en ouvre toujours les portes. Combien de fois y suis-je allé en rêve avec lui ? Il m'y guidait. Il me semblait entendre sa voix théâtrale et sa façon aristocratique de se mêler au petit peuple des pêcheurs et des paysans. J'en sentais l'odeur d'humidité et de moisi, l'hiver, quand il vente sur les villas désertes et qu'on ne trouve pour se réchauffer que quelques brindilles rares dans ce paysage sans arbres. Je voyais la mer blanchie par ses moutons d'écume à l'assaut de cet éperon rocheux que le ferry de Naples a du mal à approcher par gros temps. L'été, cette île, comme toutes les îles volcaniques, Bali, Santorin, vibre d'une énergie mystérieuse : dans son cœur brûle encore de la lave ; on y sent que des eaux brûlantes et soufrées sont prêtes à jaillir. D'où cette luxuriance qui s'empare des bougainvillées, des jasmins, des hibiscus, qui jettent dans le paysage leurs couleurs vives.

Capri a toujours été un refuge pour les originaux. Dans l'Antiquité déjà. Gorki s'y est installé avec la délicieuse baronne Moura Boutberg, une intrigante aux yeux violets, moitié espionne, moitié courtisane, cœur d'or et caractère d'acier : l'écrivain russe balançait entre les délices du monde capitaliste et l'austère gloire que lui promettait Staline inquiet de voir un esprit libre hors de son pouvoir. C'est en Œdipe qu'il revient à Moscou : il s'est crevé les yeux pour ne pas voir les crimes qu'on y commet chaque jour. Depuis, une faune de pseudo-artistes, de milliardaires, y prolifère, avec une bonne proportion de cocaïnomanes, de chevaliers d'industrie en cavale, et de tous ces fuyards que la grande traque de la Libération a poussés à venir se faire oublier ici. La mafia toujours en quête d'honorabilité y a installé de luxueuses maisons de retraite pour ses cadres méritants.

C'est là que je retrouvai Stella. Elle avait réservé une suite à l'hôtel Tchertozella, avec vue sur les Faragioni. Un hôtel presque vide en ce mois de mai. Dans la journée, nous nous tordions les chevilles dans des chemins escarpés pour entrevoir la maison de Malaparte : curieux édifice qui tient du bunker, de la piste d'atterrissage pour aéronefs extraterrestres, de bâtiment d'une cité future imaginé par De Chirico. Un monument déposé du ciel sur un promontoire rocheux désertique par une puissance céleste. Sa beauté, son étrangeté coupaient le souffle. À coup sûr l'homme qui avait conçu cette maison n'était pas banal, ni ne voulait passer pour tel.

Ainsi il avait vécu entre deux infinis, le ciel, la mer, calmant dans ce spectacle ses appétits dévorants de gloire, de célébrité, de pouvoir. Enjambant la grille, nous atteignîmes la maison accablée de chaleur, puis nous descendîmes par un raidillon encombré de ronces jusqu'à la mer.

La mer n'est pas l'amie de Capri. C'est une mer difficile, sauvage, indomptable. Par temps calme, pour se baigner, il faut emprunter une barque qui vous conduit près de grottes à l'eau transparente : on nage avec une sensation de vertige dans ce saphir profond de plusieurs centaines de mètres.

C'est à Anacapri qu'on retrouve le souvenir d'Axel Munthe. La demeure du vieux sage, décorée de bustes et de colonnes antiques, affronte le temps et le vent. Des mésanges et des chardonnerets, descendants de ceux que l'ermite accueillait, poursuivent leurs migrations. Ils font halte ici avant de repartir vers la Tunisie, le Haut Atlas.

Auprès de Stella, il me semblait moi aussi interrompre une migration mystérieuse. Les instants que je passais avec elle dans ce paradis fleuri de la Tchertozella me semblaient si brefs. Combien y aurait-il de semaines avant que je ne la revoie ? Combien de temps pouvait durer encore un amour dévoré par l'imagination, irréel à force d'absence ?

Je ne me posais pas la question. C'est le propre de l'amour comme de la vie elle-même de donner l'illusion qu'ils n'ont pas de fin.

Avant de la quitter, sur l'aéroport de Naples, je lui demandai :

— Quand irai-je vous rejoindre à l'île d'Elbe ?

Elle réfléchit un instant.

— Plus tôt que vous ne le pensez. Mais alors c'est peut-être vous qui ne voudrez plus y venir. Il est si rare qu'on veuille la même chose au même moment.

Deux mois plus tard Stella m'annonça qu'elle était enceinte. Elle accoucha d'un garçon en avril. Je la revis peu cette année-là.

L'horrible hasard

J'attendais Stella mais j'ignorais la date exacte de son arrivée. C'était un après-midi chaud de juin. Je me promenais au Luxembourg avec une jeune amie rencontrée quelques jours plus tôt, une petite blonde aux yeux noirs, vive et enthousiaste. Nous descendîmes la rue Bonaparte. Au moment de nous séparer place Saint-Sulpice, je l'embrassai. Ce baiser dégénéra plus que je ne l'eusse souhaité. Il devint une étreinte. Au fond de moi, même si seul le hasard m'avait entraîné, je sentais l'indélicatesse d'un tel geste dans ce lieu si symbolique de ma rencontre avec Stella. Soudain pris d'appréhension, je me dégageai de cette étreinte. J'avais l'impression qu'on m'observait. Je tournai la tête : Stella, à quelques mètres de là, me regardait. Son visage était d'une pâleur extrême. Je ne pus esquisser un geste ; déjà elle avait disparu. Je la vis pénétrer dans son hôtel au coin de la rue Férou. Je demeurai sous le choc. Que pouvais-je faire ? Je raccompagnai ma jeune amie à une station de taxis. Puis j'entrepris de retrouver Stella. À l'hôtel, je ne pus obtenir aucun renseignement. On me dit qu'elle était absente. Je laissai une lettre. Je rôdai autour de la place, attendant son retour. Je veillai une partie de la nuit. Sans succès. Le lendemain, je revins : le portier m'annonça qu'elle était partie.

Ce visage de Stella tandis qu'elle me fixait, avec son expression de stupeur, de tristesse, d'accablement, combien d'années faudrait-il pour que je l'oublie ? Il était sans cesse devant moi. Dès lors je lui écrivis chaque jour : je lui demandai pardon, je la suppliai de me revoir, je l'implorai. J'essayais par tous les moyens d'obtenir sa grâce. Elle fut impitoyable. Parfois je pensais que le temps finirait par user sa détermination. Au bout de six mois, je compris qu'il n'y avait plus d'espoir. Dans les premiers temps d'une rupture, on peut espérer guérir les blessures d'amour-propre ; mais avec le temps, les hésitations cessent, la décision si fragile au début est devenue une résolution indestructible.

Je pensai à l'enfant. Il allait grandir. Je ne le connaîtrais jamais. Soudain je sentis combien j'étais seul. J'avais froid.

Je retrouvai alors un vieil ami : le désespoir. Nous nous étions perdus de vue. Cela faisait longtemps qu'il ne m'avait pas donné de ses nouvelles. Il est vrai que pendant des années j'avais vécu absent de moi-même puisque j'étais amoureux. La rupture avec Stella me renvoyait en face de la réalité. La vie me punissait. Je ne pouvais lui en vouloir. C'était dans l'ordre des choses. Je retrouvai comme autrefois des femmes égarées. Je les fréquentais, mais je ne croisais que des ombres. Je pensais toujours à Stella. Chaque soir j'avais l'impression non de la tromper mais de me trahir.

Cette couleur rouge du sexe

Souvent des images me reviennent. Chaudes, épicées, elles se superposent aux visages et aux corps. Les femmes que j'évoque m'apparaissent alors dans l'éclairage violent de leur autre vie, celle ardente du lit, de la volupté, des étreintes. Ces souvenirs familiers me sont devenus aussi étrangers que la mémoire d'anciens accès de folie. Pourtant un rien les ressuscite : un mot, une anecdote, un parfum. Aussitôt s'éveille et s'anime le théâtre de la jouissance, de l'extase. Je me demande quel lien l'unit à l'amour ? Sommes-nous dans les cris que nous poussons ou que nous suscitons dans l'alcôve ? Quelle part de nous-mêmes participe à ces coups de reins, à la furie des corps embrassés à bouche-que-veux-tu ?

De ces feux éteints, que me reste-t-il ? Rien n'est volatile comme le souvenir de la volupté. Quelle denrée périssable que le plaisir ! Le passé n'est pas le temps du désir. Celui-ci s'enflamme et s'enfuit ailleurs aussi vite qu'il était venu, comme un amant oublieux et volage. Au présent, c'est le sexe qui nous tient, nous insuffle ses ardeurs ; au passé, il faut faire un effort de mémoire pour rallumer nos anciennes fièvres.

Ce que je retiens, ce sont rarement les moments parfaits où tout concourait à l'harmonie de l'amour et des sens, les instants de plénitude où la vie me rendait justice. Ces heures-là, douces comme de paisibles siestes, ont basculé dans l'oubli comme tant de moments du bonheur passé. Je ne garde en mémoire que les prouesses marginales, les nuits d'excès, les scènes d'humiliation, de perversité, les situations paradoxales ou baroques.

Aussi pour réveiller les souvenirs de ma mémoire érotique dois-je déambuler dans le grenier de mon cerveau pour y ouvrir de vieilles malles à la recherche de porte-jarretelles, de lettres coquines et délicieusement salées ; parfois je retrouve dans ce bric-à-brac des amours mortes une ceinture oubliée qui laissait sur la peau satinée d'une jolie dame des stries d'un rouge vif et provoquait chez elle une réaction vive où se mêlaient l'effroi, la pudeur offensée, la reconnaissance ; je revois les pelotes de ficelle dont telle autre souhaitait que je lui attache ses gracieux poignets aux montants du lit.

D'autres objets ou manigances du plaisir surnagent dans la mémoire, devenus tout aussi incongrus, obsolètes et poussiéreux que les anachroniques bicyclettes de l'arrière-grand-père. La ceinture est là, racornie, craquelée, mais que sont devenues la délicieuse croupe prête à recevoir son châtiment désiré, et la jeune femme aux airs de collégienne qui voulait être punie ? Elle est sans doute aujourd'hui une matrone, une mère de famille honnête, qui sait même, une grand-mère qui donne des leçons de catéchisme et qui se récrierait bien haut si on avait l'indélicatesse de lui rappeler ses anciens égarements et ses pâmoisons illicites.

Chaque femme possède sa manière bien à elle de faire l'amour ; elle a son identité sexuelle ; ses seins éprouvent des émotions particulières ; son sexe est aussi singulier que l'empreinte digitale. Pourquoi le nier : Flore, la rousse du Rosebud, Diana, Anouchka, Stella ont une autre personnalité que celle visible en plein jour, une personnalité de l'ombre, sensuelle, une immatriculation voluptueuse que je n'ai pas oubliée. Au même titre que la teinte de leurs cheveux, leur taille, la couleur de leurs yeux ou leur appartenance sociale, ce caractère entre dans la définition de ce qu'elles sont. Le sexe de chacune a son rythme propre, sa palpitation, son émoi.

Si on pose l'oreille sur sa toison comme on procède avec les grands coquillages pour écouter la mer, on entend une longue plainte distincte, un frisson venu des profondeurs de l'être qui sont la marque d'une personne unique.

Cette identité sexuelle, devais-je la taire ou en révéler les expressions, les appétits, les fièvres ? Mais à l'usage de qui ? Pour soi, nul n'est besoin de la décrire : je reconnaîtrais même dans la nuit noire, même les yeux bandés, le goût de chacune de ces bouches, de ces sexes, avec leur rythme ardent ou paresseux, leur haleine chaude, leur parfum lourd et opiacé, leur saveur acide ou âcre de tabac.

Tout lecteur possède sur ce sujet un certain appétit. Mais il n'est pas certain qu'il désire être rassasié. Au contraire il peut savoir gré à l'auteur de ne rien lui imposer et de lui permettre de laisser libre cours à son imagination. Car c'est un paradoxe : plus on décrit les gestes de l'amour, plus on les montre, plus la vision se brouille. En matière sexuelle, on ne voit bien que soi-même. Et la description sexuelle risque d'égarer la curiosité.

C'est donc au lecteur de remplir avec son imagination érotique ou sentimentale, les blancs, les points de suspension, les corsages dégrafés, les porte-jarretelles entrevus, que le romancier lui offre afin qu'il les agrémente à sa guise. Le meilleur livre, c'est celui qui nous donne un canevas pour reconstruire notre vie, nos rêves et nos fantasmes.

Ce sexe crûment exposé, on l'emploie souvent comme cache-misère de l'indigence romanesque.

Comme ces sauces relevées dont les cuisiniers arrosent leur rosbif pour en dissimuler l'absence de fraîcheur.

Contrairement à ce que l'on croit, il ne s'agit pas d'un problème de morale : le sexe dans sa description picturale ou littéraire pose une question qui dépasse la pudeur et la pudibonderie, et qui est d'un ordre purement artistique. Ce sexe, il est comme le rouge magenta dont se méfient les peintres, car cette couleur trop violente, absorbante, a la propriété de tuer tous les tons autour d'elle, de rompre l'harmonie. Elle n'existe que pour elle-même, elle n'est pas conciliable avec d'autres couleurs.

Rien ne m'a jamais paru plus érotique, plus excitant pour l'imagination, plus échauffant pour les sens, que ce passage du *Rouge et le Noir* où Julien après avoir gravi les degrés d'une échelle pénètre par la fenêtre dans la chambre où l'attend Mathilde de La Mole :

« C'est donc toi, dit-elle en se précipitant dans ses bras...

« .... »

Cette ligne de points, comme elle m'émeut encore. Je ne connais rien de plus sensuel que la suggestion qu'elle provoque. Quelle nuit réelle m'aura donné autant d'émotions, de feu dans le cœur ? Ce jour-là, Stendhal ne m'a pas imposé une scène d'amour qui ne m'aurait peut-être pas convenu. Il a fait beaucoup mieux. Il m'a prié d'entrer dans la chambre, de prendre Mathilde dans mes bras, toute chaude et frémissante dans sa chemise de nuit, et de faire avec elle, à ma guise, jusqu'à l'aube, tout ce que je voulais. Je ne m'en suis pas privé.

L'enchanteur revient

Il était à nouveau devant moi. Depuis combien d'années avions-nous cessé de nous voir ? Le malentendu qui nous avait séparés semblait soudain absurde. Tant de petites choses nous égarent. Maintenant je renouais le fil enchanté que j'avais perdu. Il parlait, je l'écoutais, la vie reprenait sa magie. Il avait trop de savoir-vivre pour évoquer ce qui nous avait fâchés et la cause même en devenait dérisoire : elle appartenait à cette réalité dont au fond nous n'attendions rien. Il avait été directeur du *Figaro*, il ne l'était plus. Je le voyais à nouveau libre, soulagé de s'être affranchi des servitudes : avoir sur le dos la responsabilité de la Bourgeoisie française, du CNPF, du Comité des Forges, de la Droite qui se chamaillait, de la défense des possédants, de la balance des paiements, était un rôle qui à la fois l'ennuyait et excédait ses ambitions. Eût-il voulu jouer les importants, il eût pu y trouver une satisfaction. Mais il n'aimait ni la solennité ni le pouvoir. À la rigueur il ne lui aurait pas déplu de régner sur quelques sujets raffinés d'une principauté stendhalienne ou d'avoir une ambassade à Rome. Toutes choses qui appartiennent au rêve éveillé. Il se sentait maintenant léger ainsi qu'il voulait l'être pour vagabonder à sa guise d'un sourire à un livre, d'une idée à un article, d'une plage ensoleillée à une platonique séance académique. L'écriture lui donnait une satisfaction qu'il avait été bien loin d'imaginer : celle de l'amour partagé.

Nous reprenions la même conversation interrompue par un contretemps : nous parlions de la femme de chambre de la baronne Putbus, des fourmis de Sélinonte, de *Mon amie Nane*, de *Pervigilium Mortis*, du *Paysan de Paris*. Nous étions devant la nappe en papier d'un restaurant chinois de l'avenue de la République où une amie nous avait réunis. On nous servait des nems, des rouleaux de printemps, du poulet à la séchouanaise.

Déjà il se préparait à partir pour la Corse, les rochers plats au pied d'une tour génoise en ruine, où il allait écrire à l'ombre d'un vieux figuier. Le destin me ferait bientôt aller le rejoindre. Nous observerions les étoiles filantes dans la tiédeur du soir, avec sous nos pieds les dalles en pierre qui conservaient la chaleur du jour tandis qu'un phare balayerait la mer de sa lumière verte.

Ces retrouvailles avaient un sens symbolique. Au fond il incarnait paradoxalement, contrairement aux apparences, un modèle de détachement social : après mes rêves stendhaliens ou balzaciens qui me portaient à m'illusionner sur les grandeurs du monde, il m'initiait à la distance, il m'aidait à ne pas être la dupe du théâtre des gens importants. Peut-être sans lui eussé-je pris au sérieux ces gens sérieux jusqu'à devenir sérieux moi-même en contractant leur componction mortelle, leur certitude, leur morgue. La leçon que je retirais de lui, même si ce terme ne lui convient guère car il n'est en rien professoral, était double : après m'avoir montré la stérilité du désespoir et les séductions de l'ambition, il m'apprenait à me détacher des distinctions, certes à ne pas les dédaigner mais seulement à humer leur parfum en évitant le piège de croire en elles. Mais il ne donnait jamais de conseils moraux : ils émanaient de lui. C'est en l'observant, en scrutant son comportement, que je découvrais les principes de sa philosophie ; par une étrange infusion qui se réduisait à l'écouter, à le regarder ; peu à peu apparaissait la subtile frontière qu'il établissait dans sa manière de vivre entre la stricte observance des rites sociaux et la vie véritable qui consiste à n'avoir de compte à rendre qu'à soi-même, à ces exigences secrètes dont aucune obligation extérieure n'aurait pu le soustraire : écrire, regarder la mer, s'abandonner au soleil, ne laisser personne, aucun importun franchir ce territoire sacré qui n'appartient qu'à soi. Surtout savoir garder ce trésor, le sentiment de la jeunesse, cette vibration émerveillée devant la vie. Il incarnait la sagesse grecque. Le christianisme semblait ne pas avoir imprimé sa marque sur lui. Il croyait au destin qui place les hommes là où ils sont, leur accorde la grâce divine du talent, de la beauté, du bonheur, mais très peu à la rédemption. Certes les vertus chrétiennes représentaient des valeurs qui le séduisaient, mais par leur esthétique. Il acceptait le monde tel qu'il est comme sa famille avait avalé la couleuvre de la République et le bouillon amer de l'égalité. Il trouvait dangereux, charmant et un peu utopique de vouloir le changer. C'était le seul point où nous étions en désaccord. Le romancier en lui refusait le réel, l'homme l'acceptait et s'y soumettait. Moi je m'y emmêlais les pinceaux.

Ce fil que nous avons renoué alors, plus rien ne l'a rompu. Je n'imagine pas aujourd'hui qu'il puisse cesser d'exister quand bien même nous nous serions à nouveau séparés ou même évaporés dans les espaces infinis. Demain, quand nous aurons quitté cette planète de beaux paysages et de passions vaines, je nous imaginerais bien dans un de ces lieux interstellaires avec vue sur la Méditerranée continuant à deviser, à nous écrire des petits billets, comme le jeudi pendant les séances du dictionnaire, nous adressant des messages portés par les nuages. Mais quels événements peut-on encore commenter dans l'au-delà ? Le rire est-il encore en usage ? Y a-t-il une littérature là-haut ? Nous nous rappellerons des souvenirs de notre vieille planète et des êtres étranges qui la peuplaient. Nous la regarderons du point de vue de Sirius, toujours agitée, toujours nerveuse. Nous nous donnerons des nouvelles de quelques anges blonds. De quoi aurons-nous le privilège de garder la mémoire ? De tout ce qui enchantait nos yeux, notre peau, les caresses de l'eau, du vent, du soleil et de l'amour ? Tandis que nous naviguerons sur la plaine nuageuse de l'éternité, regretterons-nous ce temps de notre vie aussi brève et irréelle qu'un rêve ?

Napoléon vu de Java

C'est bien connu : les princes s'ennuient. En 1885, vivait à Java un sultan nommé Hamenkubovowono, qui trouvait le temps long et l'occupation hollandaise un peu lourde. Certes cela lui laissait des loisirs car ces gros hommes avides et besogneux, à la peau rougie par le soleil, avaient mis la main sur tout : le commerce, la police, l'armée, la justice. Ils ne lui laissaient que l'apparence et la dignité d'un pouvoir vidé de sa substance. Ce prince fit venir un de ses sujets de la caste des lettrés, connu pour sa curiosité du monde occidental d'où venaient ces Hollandais dont le canon était en permanence pointé vers sa ville.

L'homme s'inclina, faisant la triple génuflexion habituelle, la proskinase en usage en Orient.

— Tu connais l'Occident.

— Oui, Majesté.

— As-tu entendu parler d'un conquérant qui s'appelait Napoléon et qui vivait dans un pays appelé la France ?

— Ce nom me dit quelque chose, Majesté.

— Tu vas te renseigner. Tu écriras tout ce que tu apprendras : l'histoire de sa famille, les moyens qu'il a employés pour arriver au pouvoir, les pays qu'il a conquis, comment il est mort. Tu m'as bien compris ?

— Oui, Majesté.

Le prince congédia le lettré mais soudain il le rappela.

— Il y a autre chose que tu dois aussi étudier : on m'a dit que ce Napoléon n'aimait pas les Hollandais et qu'il les avait vaincus. Donne-moi discrètement quelques détails sur cette affaire-là.

Le lettré s'en alla et le prince demeura songeur.

Trois mois plus tard, le lettré revint portant un rouleau manuscrit, c'était le *Serat* Napoléon Bonaparte, Le Dit Napoléon Bonaparte.

Il commençait ainsi :

« Ce qui est raconté ici en javanais ancien se situe en France, vaste pays en Europe. Les événements ici traités se sont déroulés en 1815 soit l'année 1742 selon le calendrier javanais. Très exactement au moment du règne de Sa Majesté le sultan Hamengku Buwana IV ; l'Europe était à ce moment-là en grande confusion. Napoléon Bonaparte était en grande trahison parce qu'il se croyait soutenu par les siens, invulnérable et le plus savant dans l'art de la guerre. De par son pouvoir sur le monde et sa volonté toute-puissante, il voulait être roi de France. À cette époque, celui qui régnait à Paris était Louis XVIII qui aurait perdu dans une guerre contre Napoléon. Mais celui-ci était inconvenant, dur, avide et déchaîné. Lorsqu'il était au pouvoir, Napoléon était immoral, ne se soumettant jamais et toujours en conflit avec les autres rois, il avait étendu son empire en colonisant des royaumes.

« Il resta un certain temps sur l'île d'Elbe et le roi Louis retourna en son pays pour y régner. Dans une atmosphère de calme et de tranquillité forcée le vrai sujet de crainte étant que les Français n'aimaient pas le roi Louis et préféraient Napoléon Bonaparte.

« Il est dit que pendant que Napoléon était sur l'île d'Elbe il ne pouvait accepter sa défaite et sentait qu'il pouvait encore régner en France et vaincre les rois unis contre lui. Et puis il y avait encore beaucoup de Français pour l'aimer. Il chercha un moyen de s'échapper de l'île d'Elbe avec l'aide des militaires qui lui étaient fidèles. »

Le sultan apprécia beaucoup ce travail. Il récompensa largement son auteur. Plusieurs lettrés qui voulaient entrer en faveur auprès du sultan suivirent son exemple. C'est ainsi qu'un poète décrivit les amours de Napoléon, un autre ses guerres. L'un d'eux alla même jusqu'à découvrir des liens généalogiques complexes entre Napoléon et les sultans javanais. Cette dernière étude fut très appréciée à la Cour. Les princes de Java ont en effet une curieuse conception de la généalogie : ils revendiquent des liens de parenté avec tous les grands hommes de la terre qui ont manifesté de l'amour pour ce qui est grand et beau. Ce sont ces qualités et non les liens du sang qui constituent leur parenté. Rien de ce qui est grand sur cette terre ne pouvait se concevoir sans une participation des sultans de Java.

Depuis lors, le monarque regarda d'un autre œil les Hollandais qui occupaient son pays. Lorsqu'ils l'humiliaient, ou passaient outre ses décisions, il souriait et se murmurait à lui-même : « Na-po-léon ».

L'ogre aux yeux bleus

Son regard me radiographiait. J'avais l'impression qu'il me passait aux rayons X. Ses yeux d'un bleu clair pouvaient avoir une expression de dureté ou de rêverie intérieure. Plus que sa taille au-dessus de la moyenne, l'assurance qui émanait de sa personne, cet air nonchalant de fauve prêt à bondir, m'impressionnaient. Sa réputation de corsaire de la presse — comme sir Francis Drake il était passé de la flibuste journalistique à une fraîche honorabilité — lui ajoutait le sombre prestige de l'aventurier. Il prenait beaucoup de précautions pour dissimuler sa violence naturelle par des manières douces, mais il souhaitait moins terroriser son interlocuteur que le charmer de cette séduction imparable qu'est la modestie. Seulement quand il ne campait pas sur le terrain habituel de ses compétences : il écoutait alors avec une extraordinaire attention, comme s'il craignait le ridicule de ceux qui se croient obligés de donner leur avis sur tout. Il disait souvent : « je ne sais pas » ; « ce n'est pas mon domaine » ; « et vous, qu'en pensez-vous ? » Autodidacte, il voulait continuer à apprendre pour tout comprendre. D'une simplicité royale, il se sentait trop puissant pour jouer un rôle : si vous l'intéressiez, il vous parlait de plain-pied, sinon il vous congédiait.

Rarement un homme m'a donné autant l'impression de vouloir conquérir le monde et de désirer le pouvoir : il voulait tout cumuler, mais au fond de lui-même il ne croyait pas un instant à la justice que rend la société. Il doutait qu'elle accordât au mérite sa véritable place. Quand cela l'arrangeait, il faisait semblant de jouer un jeu qu'il savait truqué d'avance. Il ne faisait confiance qu'à deux leviers, la puissance, l'intérêt. Il jugeait les hommes avec un pessimisme effrayant. Leurs turpitudes le rassuraient autant que leurs actes désintéressés le déroutaient et même l'inquiétaient. Ceux qu'on appelle les honnêtes gens lui inspiraient une invincible méfiance. Il soupçonnait leur hypocrisie. Il était sorti vainqueur d'un bras de fer avec la société mais il savait qu'il avait évité de justesse les abîmes. Cela l'excitait car c'était un joueur ; un joueur qui connaissait toutes les martingales de l'action, les ressorts du caractère humain, si achetable, si vil, sous sa parure de bons sentiments.

Il pouvait faire penser à *Citizen Kane*, à Vautrin, au capitaine Larsen, *Le Loup des mers*, à ces hommes dont l'adversité a très tôt tanné le cuir ; qui ont su que leur survie ne dépendrait pas de la clémence ni de la justice mais de la force de leurs poings. Il n'avait pas d'amis mais des alliés ou des complices. Que d'énergie il avait déployée pour se sortir d'un milieu modeste, puis à nouveau pour lever l'hypothèque de ses erreurs de jeunesse ! De cette expérience de l'Occupation et de la Libération, qui n'a pas montré les hommes sous leur plus beau jour, il avait gardé un scepticisme absolu. À quoi servaient l'idéal, les bonnes intentions, seule comptait la force. Qui détenait la force avait non seulement le pouvoir mais le droit et au surplus la considération. Ce vaincu rêvait d'obtenir le pouvoir. Il l'obtint. Et le monde se coucha devant lui.

Il n'aimait ni la foule ni la bonne société. D'un caractère solitaire et méfiant, il s'entourait de silence, de mystère. Comme le Dieu de la Bible, il n'apparaissait jamais : ses décisions étaient foudroyantes. On l'imaginait tirant toutes les ficelles, alors qu'en réalité il n'agissait que sur l'essentiel, pour le reste il laissait les choses se faire d'elles-mêmes.

Le pouvoir le hantait. Il voulait sans cesse l'accroître. Au début il l'avait désiré pour se protéger, mais il lui était devenu nécessaire pour respirer. C'était sa drogue.

J'avais nourri à son égard de grandes préventions. N'avais-je pas quitté *Le Figaro* en raison de son arrivée en 1975 ? J'avais brossé un portrait un peu caricatural de lui dans un de mes livres. Traversant une crise d'idéalisme, je l'avais noirci. J'avais exagéré. Il n'était certainement pas un saint — la presse est une profession qui les attire peu — mais ce n'était pas non plus le diable.

Il m'observait. Je n'en menais pas large. Je devais représenter un spécimen un peu nouveau pour lui. Savait-il que j'avais brossé cette caricature de lui ? En tout cas il n'ignorait pas que j'avais appartenu dix ans plus tôt au clan de ceux qui avaient pris leurs cliques et leurs claques à son approche. Le portrait qu'on lui avait dressé de moi le laissait perplexe. Mais le mal qu'on avait pu lui dire à mon sujet était bien peu de chose en comparaison du mal qu'il entendait chaque jour déverser sur lui à grands seaux. Nous parlions et je mesurais combien la représentation des hommes fait commettre des erreurs de jugement : cela m'avait été facile sans l'avoir vu de le condamner au nom de principes que personne n'appliquait. Mais quand il donnait sa version des choses — non qu'il évoquât jamais devant moi la période noire de sa vie — je comprenais qu'il appartenait à la race des lutteurs qui doivent se frayer un chemin à coups d'épaule. Il n'avait pas eu le parcours aisé des brillants sujets. Son école, c'était la vie, la brutalité. Un ami de sa génération me racontait l'époque noire des années cinquante où il n'avait plus rien, pas même de quoi dîner ou acheter un ticket de métro.

D'où lui venait ce goût pour la grandeur ? Car au cours de cette longue conversation ce fut ce qui m'attacha à lui et me fit accepter la proposition qu'il me faisait de revenir au *Figaro*. Il aimait ce qui était grand, vaste. La mesquinerie l'ennuyait. Il s'y sentait à l'étroit. Il était fait pour les grands espaces, les empires.

Il me parlait de sa passion pour Yourcenar : il aimait chez la romancière son attachement à l'histoire, à des époques viriles pleines de violence et de noblesse, mais aussi son amour des arbres. Je ne m'attendais pas à trouver chez un tel prédateur des accents rousseauistes, écologistes. Mais lui qui se défiait tant des hommes et les méprisait avait la passion des arbres ; il aimait les peupliers, les ormes, les chênes. Il lisait peu de romans mais dévorait les livres d'histoire, les biographies. Il me demandait parfois conseil pour ses lectures. Les clés d'un grand destin l'intéressaient : comment un homme avait-il traversé cette partie d'échecs qu'est la vie, et l'avait gagnée ou perdue.

Je fus étonné quand il me proposa de revenir au *Figaro*. Je l'avais combattu et pourtant il m'accordait sa confiance. J'ai souvent pensé à lui quand, plus tard, j'ai évoqué le personnage de Morny. Certes ils ne se ressemblaient pas par les origines — il y avait un fossé entre le fils adultérin de la reine Hortense et le rejeton d'un marin nantais — ni par le dandysme. Mais l'un et l'autre étaient à la fois des sceptiques et des constructeurs, des hommes affamés de pouvoir qui, tout en méprisant leurs semblables, nouaient avec eux d'étranges et chaleureuses solidarités.

Après notre entretien, il me raccompagna à la porte.

— Quel âge avez-vous ?

— Quarante ans.

— Comme vous faites jeune, me dit-il d'un air songeur.

Je quittai Robert Hersant, légèrement troublé. Les bornes qui délimitent la réalité et le songe me paraissaient soudain instables. C'était la première fois qu'il m'arrivait de rencontrer un homme qui était un héros de roman. Qui plus est d'un de mes romans. Je l'avais détesté, maintenant j'allais travailler avec lui : quel sens cela avait-il ? Quelle valeur accorder aux principes qui nous font agir ? Ne sont-ils pas aussi variables, inconstants, que les sentiments amoureux ? Et soudain sa question me revint en mémoire tandis que je marchais dans les jardins du Palais-Royal. C'était une fin de journée froide et ensoleillée de novembre. Comme la vie passait vite ! Il me trouvait jeune, je me sentais vieux. Comme le temps avait le pouvoir de tout transformer ! La vérité était aussi insaisissable et fragile à détenir que ce rayon de soleil qui folâtrait au milieu des arbres et donnait une lumière si belle, si italienne, à cette promenade sous les arcades ; ces arcades qui avaient vu Bonaparte acheter de l'amour auprès d'une malheureuse Vénus des carrefours ; et sous lesquelles, plus tard, le vieil et désargenté Henri de Régnier viendrait chercher la lumière enfuie de sa jeunesse sous les Procuraties de Venise.

La petite musique de l'échec

Hersant était-il sensible à la musique de Schubert dont me parvient la mélodie d'une sonate pour piano ? Je l'associerais plus volontiers aux grandes machines triomphales de Berlioz ou de Wagner. Mais n'est-ce pas par paresse que je l'enferme dans l'image simple de sa légende ? Hersant ainsi que Mitterrand apparaissaient au sommet de leur pouvoir comme des forteresses sans faille. C'est oublier leur fragilité que sans doute ils dissimulaient et dont il ne leur était peut-être pas agréable de se souvenir. Et nous-mêmes n'avions-nous pas besoin de croire à leur force ? Pourtant il y a bien eu des moments de leur existence où ces hommes de fer ont été dans l'impasse, où ils n'étaient pas loin de croire à l'échec de leur vie. L'époque de la dèche noire et du ticket de métro pour Hersant ; celle non moins noire où un autre futur grand patron de presse, Hubert Beuve-Méry, alors étudiant sans ressources, songeait, un soir d'hiver, à enjamber le parapet du pont Louis-Philippe pour se jeter dans la Seine. Il ne dut la vie sauve qu'à l'intervention d'un dominicain, le père Janvier, qui arrêta son geste et l'aida à sortir de la misère et de la désespérance.

C'est dans ces moments de reflux de la chance et de l'espoir que Schubert parle à l'âme et lui chuchote des paroles non de réconfort mais de compréhension. La tristesse résignée devant ce bloc d'adversité qui pèse sur la vie, Schubert semble en traduire les variations, les modulations acides, pour ses semblables, ceux que le malheur touche de son aile. La correspondance secrète de sa mélodie avec les souffrances de l'âme, d'où sa musique la tire-t-elle ? Il suffit de se pencher sur sa vie brève et grise pour le comprendre. Chez lui on ne trouve pas ces éclats de fureur et de révolte contre un destin injuste, comme chez Nietzsche ou Kafka, ou le feu dévastateur qui ébranle la raison d'un Hölderlin, d'un Antonin Artaud. Il est humble et résigné. Il semble s'excuser auprès de la société de persister à composer des œuvres qui trouvent si peu d'échos auprès d'elle. Ses plaintes, il ne les formule jamais, il les réserve à sa musique. À travers elle, on suit son chemin semé de doutes, des blessures que lui cause sa personnalité terne, sans attrait. Qui pourrait croire dans le génie d'un homme qui croit si peu en lui-même, qui se trouve inférieur à tous les autres musiciens ? Pourtant il continue inlassablement. Où trouve-t-il la force de persévérer ? Dans une nécessité créatrice qui peut-être n'a rien à voir avec la conscience que l'on a de la valeur de son art.

Aide instituteur chahuté par ses élèves, puis maître de musique, on refuse de publier ses compositions. Ses symphonies seront jouées trente ans après sa mort. Il promène un physique lourd d'homme sans qualités, de raté : timide, gauche, dépourvu du moindre esprit de repartie, ne pouvant se plier aux rudiments de la plus simple conversation, il ne se délivre du fardeau de lui-même que dans la musique qui le libère des pesanteurs de la vie. Il admire Beethoven qui habite non loin de chez lui. Mais il est trop impressionné par sa gloire pour oser aller le voir et lui parler. Il se sent écrasé par lui :

« Parfois je me crois capable de faire quelque chose ; mais qui peut prétendre à cela après Beethoven ? »

Napoléon et Schubert ont vécu sensiblement à la même époque. Se peut-il qu'il ait existé deux hommes dont l'existence se soit développée de manière plus contraire ? Ce serait trop schématique d'opposer des caractères exprimant des principes opposés, d'un côté la force, de l'autre, la faiblesse ; j'ai montré les points sensibles et vulnérables de Napoléon ; je pourrais de la même façon insister sur ce que dissimule de force, de ténacité, la fragile musique que Schubert a lancée dans l'avenir et que nous recevons intacte, deux siècles plus tard, tout comme la gloire de l'Empereur. Ils nous nourrissent différemment, voilà tout. L'un nous donne des ressources d'énergie, l'autre s'insinue dans notre cœur.

Souvent j'associe Schubert à Van Gogh. Sans doute parce que mon père éprouvait pour l'un et l'autre une même vénération. Il en parlait sans cesse. Il aimait leur art mais il ne lui déplaisait pas qu'ils eussent partagé un insuccès qui, à ses yeux, allait de pair avec l'exigence. Il en était la juste rançon. Ils n'avaient flatté personne. Fidèles à leur idéal, ils étaient restés insoumis au modèle que la société voulait leur imposer. À travers eux, mon père trouvait une revanche à ses déconvenues. Cet unique tableau vendu par Van Gogh le fascinait : « On ne lui a acheté qu'un seul tableau. Tu te rends compte ? » Je me demande si le fait d'en avoir vendu un peu plus, loin de le rassurer, ne l'inquiétait pas.

Schubert et Van Gogh, unis dans le même isolement, en butte à l'incompréhension, fraternels par la sensibilité, sont bien dissemblables : le premier semble fondu dans le gris, sa personnalité est comme effacée par la pudeur et la résignation, alors que le Hollandais est tout de feu, de soleil, de révolte, de folie : il hurle son ivresse de peindre, il crie sa douleur. Pour lui aussi le succès est bien loin d'être un but : « Ce que j'estime la chose la moins enviable au monde, c'est une certaine forme de popularité. » Il en a peur : « Quand j'ai appris que mes œuvres avaient eu un peu de succès et que j'ai lu l'article en question, j'ai craint immédiatement que cela ne me décourage. Il en va presque toujours ainsi dans la vie du peintre ; le succès est ce qu'il y a de pire. » Il revient sans cesse sur cette idée dans sa correspondance avec Théo : « Quant à l'estime générale, j'ai lu dans Renan, il y a des années, quelque chose qui m'est toujours resté et que je croirai toujours : que celui qui veut réellement produire quelque chose de bon ou d'utile, ne doit pas compter sur l'approbation ou sur l'appréciation générale, même pas les désirer ; mais, au contraire, ne rien attendre en fait d'aide et de sympathie que de très rares cœurs, et encore seulement peut-être. » En réalité il considère que la peinture est un moyen de passage à autre chose, à une vie supérieure, comme l'a été autrefois pour lui la religion : « Heureusement pour moi, je ne tiens aucunement à une victoire, et dans la peinture je ne cherche que le moyen de me tirer de la vie », à quoi répond en écho ce passage d'une lettre à Émile Bernard : « Je voudrais bien aussi approximativement savoir de quoi moi-même je suis peut-être la larve. » Alors le succès ! Pour lui, il égare le jugement car il le focalise à la surface de l'art. Il concentre tout sur l'œuvre, la prouesse de l'artiste, son côté habile dresseur de chiens, et oublie l'essentiel : le chemin qui lui donne un sens.

L'Absente

Stella disparut de ma vie. Ne recevant aucune réponse aux lettres que je lui adressais, je cessai de lui écrire. Elle ne demeurait pas moins présente. Je m'éveillais le matin avec un sentiment d'abandon. Je ne pouvais concevoir qu'un amour aussi fort ait pu achopper sur ce qui m'apparaissait plus comme une indélicatesse que comme une trahison. Je croyais qu'elle reviendrait. Je demeurai trois mois ainsi dans l'incertitude. Je sursautais en entendant la sonnerie du téléphone, j'attendais le courrier avec angoisse. J'imaginais son existence à Rome. Je pensais à l'enfant. Je vivais comme un automate : j'accomplissais le rituel de la vie quotidienne, je voyais des amis, je faisais l'amour, mais ces gestes restaient extérieurs à moi-même. Je ne m'y impliquais pas. Une maladie intérieure me minait. Personne autour de moi ne se doutait du drame que je vivais. À qui aurais-je pu en faire la confidence ? Personne ne connaissait l'existence de Stella. Il ne resterait aucune trace de cet amour. Cette idée parfois m'effrayait. Qu'un être ait pu remplir à ce point ma vie et s'effacer sans laisser aucun signe !

Les années passèrent. Le souvenir de Stella ne s'éveillait plus que par intermittence : quand quelqu'un me parlait de Rome, ou évoquait ces lieux qui appartenaient à notre géographie secrète, la place Saint-Sulpice, Capri, la maison de Malaparte. Lorsque j'apercevais un garçonnet sortant de l'école et qui avait l'âge que j'imaginais être celui de l'enfant qu'elle avait eu pendant notre liaison, je l'observais avec attendrissement. Parfois sans raison, la nuit, je m'éveillais en sursaut avec l'impression qu'elle était revenue.

Un jour, je fus convié à un concert à l'Institut culturel italien. On y donnait un récital de Vivaldi à l'occasion de la prise de fonctions du nouvel ambassadeur. Je me rendis rue de Varenne. À l'issue du concert, on se retrouva devant un buffet. Je ne connaissais pas grand monde. Je m'apprêtais à partir. Soudain je vis Stella. Dans sa robe bleu nuit, elle me parut plus pâle. Ses yeux avaient une dureté nouvelle. Elle avait pris de l'assurance. J'étais si peu préparé à la revoir que je demeurai interdit. Je dus faire un effort pour m'approcher d'elle. J'avais peur. Elle m'accueillit sans marquer la moindre surprise. Sans doute m'avait-elle déjà aperçu dans la foule ? Ce cadre solennel était si peu propice à des retrouvailles.

— Vous êtes à Paris depuis longtemps ? lui demandai-je.

— Un mois à peine, me dit-elle sur un ton formel qui me parut emprunté.

Son air distant ajouté au cadre solennel me glaçait.

— Mon mari vient d'être nommé premier secrétaire à l'ambassade.

— Alors vous allez rester ici ?

Contrairement à moi, elle paraissait étrangement à l'aise et maîtresse de ses émotions.

Elle sourit.

— La carrière diplomatique a beau être instable, il est rare que les diplomates changent de poste aussi rapidement.

Je ne savais plus que lui dire. C'était la première fois que je la voyais en public. Le décalage entre la chaleur de notre ancienne intimité et la retenue à laquelle nous contraignaient les circonstances, me paralysait. Je ne parvenais pas à trouver un moyen terme entre les mots que je voulais lui dire et les banalités obligées qui avaient cours ici. Je restai coi.

Elle vint à mon secours.

— Vous êtes-vous finalement décidé à aller à Elba sur les pas de votre cher grand homme ?

— Non, dis-je, j'avais peur que...

Nous fûmes interrompus par un homme qui semblait avoir des droits sur elle, et qui selon toutes les apparences devait être son mari. Il me salua rapidement et l'entraîna vers le groupe où se trouvait l'ambassadeur. Je restai à l'écart, surveillant Stella à distance afin de saisir l'occasion d'un nouveau tête-à-tête. Mais elle passait d'un groupe à l'autre. Je finis par la perdre de vue. Je traversai les salons, puis le jardin. En vain. Elle avait disparu. Au moment où, résigné, je me rendais au vestiaire, elle surgit devant moi.

— Vous vous en allez déjà ? me lança-t-elle sur le même ton mondain et affecté avec lequel elle s'était adressée à moi.

Puis ses yeux retrouvèrent cette expression douloureuse et aimante d'autrefois. Elle baissa la voix et reprit avec l'intonation simple que je lui avais toujours connue :

— Je pars demain pour Elba. J'y serai seule avec mon fils. Voulez-vous m'y rejoindre ?

PREMIÈRE PARTIE : SOUS LA NEIGE

DEUXIÈME PARTIE : SOUS LE SOLEIL

Composition I.G.S.-Charente Photogravure
et impression Société Nouvelle Firmin-Didot
à Mesnil-sur-l'Estrée, le 4 juillet 2002
Dépôt légal : juillet 2002
N° d'imprimeur : 60176

ISBN 2-07-076652-7/Imprimé en France

13871